2020年辽宁省教育厅科学研究项目"多模态话语分析理论下旅游网络外宣语篇的构建研究"阶段性研究成果，项目编号LNSJYT202024

英语话语
多维探析与跨文化交际

王向丹 著

吉林出版集团股份有限公司
全国百佳图书出版单位

图书在版编目（CIP）数据

英语话语多维探析与跨文化交际/王向丹著.--长春：吉林出版集团股份有限公司，2022.12
ISBN 978-7-5731-2309-1

Ⅰ.①英… Ⅱ.①王… Ⅲ.①英语-话语语言学-研究 Ⅳ.①H31

中国版本图书馆CIP数据核字(2022)第175837号

YINGYU HUAYU DUOWEI TANXI YU KUA WENHUA JIAOJI

英语话语多维探析与跨文化交际

著　　者	王向丹
责任编辑	宫志伟
装帧设计	优盛文化

出　　版	吉林出版集团股份有限公司
发　　行	吉林出版集团社科图书有限公司
地　　址	吉林省长春市南关区福祉大路5788号　邮编：130118
印　　刷	唐山富达印务有限公司
电　　话	0431-81629711（总编办）
抖 音 号	吉林出版集团社科图书有限公司　37009026326

开　　本	787 mm×1092 mm　1/16
印　　张	10.25
字　　数	180千
版　　次	2023年1月第1版
印　　次	2023年1月第1次印刷

书　　号	ISBN 978-7-5731-2309-1
定　　价	58.00元

如有印装质量问题，请与市场营销中心联系调换。0431-81629729

前　言

　　语言是自我表达的最佳途径，也是方便高效的交流形式。通过语言，人们表达思想、欲望、情绪和感情；通过语言，人们积累知识、传播信息、交流经验。古往今来，人们从不同的角度探索和研究语言这种人类有别于其他物种的特殊行为。

　　话语是一种在社会环境中发生的交际活动，而翻译是检验话语在社会生活中作用的有效手段。翻译不是一种无意义的语言联系，而是一种有目的的交际行为。本书的目标是将应用语言学，尤其是话语分析、会话分析和语用学等领域的研究成果应用于翻译实践，用全面综合的话语理论来指导翻译活动。

　　翻译作为一种跨语言、跨文化的交际活动，是涉及原作者—译者—译文读者的多重交际。本书旨在对英语话语的语用翻译及跨文化交际相关方面作较为全面的论述，从而为话语的总体研究提供新的途径和维度，为翻译的研究与发展带来新的视野和参考依据。本书通过大量的语料分析和相关的理论反思，从译者有意识、选择性的角度考察英语话语的处理情况，旨在说明语言研究不应局限于平面静态的描写，而应在即时话语中考察动态的语言运用，发掘其中的分布规律和功能差异。对互动式口语交际翻译的微观研究有助于我们更科学地解释话语的生成和理解，加深我们对语言系统、言语交际本质和跨文化背景下英语语用的认识。

　　本书从语言功能和翻译实践相结合的跨学科角度对英语话语运用中的新问题进行探索，以期丰富和完善英语话语相关学科的研究体系，实现多维的优势互补，对英语话语理论的建构和发展，以及翻译的理论、实践与教学均能产生有益启示。

　　本书共八章。第一章为导论，主要论述话语概述、话语分析理论与功能和言语行为理论；第二章重点对英语话语语体特征、语境特征及其构建、话语文化学理论与实践进行了研究；第三章对英语话语语用策略进行了研究，涉及反语在人际交往中的功能及作用、刻意曲解分析、人际活动中冲突话步等内容；第四章对英汉话语标记语的语用对比、话语标记语的多义性、话语标记语语篇功能、元话语进行了深入分析；第五章主要对话语分析下的人际意义相关内容进行了论述；第六章研究了跨文化交际中的话语分析表现及教学实施策略；第七章阐述了话语分析之旅游话语应用，并以辽宁为例分析了旅游解说文化体现与话语策略；第八章进行了话语分析之英语教学相关方面的研究，并以"英语视听说"课程为例对英语网络教学平台的多模态话语方面进行了深入研究。

  本书在撰写过程中，得到了许多专家和同人的指导和帮助，在此一并表示感谢。由于笔者水平有限、时间仓促，不足之处在所难免，敬请各位读者批评指正，以便在日后修改完善。

王向丹
2022 年 1 月

目 录

第一章 导论 ... 001
- 第一节 话语概述 ... 001
- 第二节 话语分析理论与功能分析 ... 003
- 第三节 言语行为理论 ... 006

第二章 话语语体、语境与话语文化学 ... 012
- 第一节 英语话语语体特征分析 ... 012
- 第二节 话语语境特征及其构建 ... 023
- 第三节 话语文化学理论与实践分析 ... 039

第三章 英语话语语用策略研究 ... 047
- 第一节 反语在人际交往中的功能及作用 ... 047
- 第二节 多元视角下的刻意曲解分析 ... 050
- 第三节 人际活动中冲突话步研究 ... 057

第四章 话语分析下的标记语研究 ... 063
- 第一节 英汉话语标记语的语用对比 ... 063
- 第二节 话语标记语的多义性研究 ... 069
- 第三节 话语标记语语篇功能研究 ... 071
- 第四节 话语分析之元话语研究 ... 075
- 第五节 话语标记语的类别及常用实例 ... 082

第五章　话语分析下的人际意义研究 085

第一节　摘要语篇人际意义的对话性分析 085

第二节　话语语气的人际意义分析 087

第三节　学术书评中情态表达的人际意义建构 093

第四节　师生互动话语中的人际意义 095

第六章　跨文化交际中的话语分析研究及教学实施策略 101

第一节　跨文化交际与传播学 101

第二节　语用失误与语用差异 104

第三节　英语跨文化交际教学实施策略 109

第七章　话语分析之旅游话语分析 117

第一节　跨文化视域下旅游文化外宣翻译分析 117

第二节　跨文化视角下旅游景点名称翻译与导游语言分析 121

第三节　旅游解说文化体现与话语策略——以辽宁为例 127

第八章　话语分析之英语教学研究 132

第一节　英语课堂教学中的话语分析 132

第二节　教师视角下的多模态话语分析与英语教学 134

第三节　英语网络教学平台的多模态话语研究

　　　　——以"英语视听说"课程为例 146

参考文献 152

第一章 导论

第一节 话语概述

一、话语的概念

所谓话语（discourse）是指通过连贯（coherent）的言语（utterance）传达言语行为（speech act）的交际意义，即言外之意（illocutionary force），引起语言（或其他交际方式）潜在意义的交际活动。然而"遗憾的是，正如语言、交际、互动、社会和文化这些相关的概念一样，话语的概念基本上也是模糊的"[①]。

话语是由相互关联的行为序列构成，人们借助话语来传达彼此意愿，进行完整的社会活动，从而体现一定的社会和文化现象。话语具有无所不在的社会性和交际性，是一种独特的意识形态现象。

话语能够影响甚至改变参与者的行为顺序，并引导参与者的决策过程，而这种顺序和过程是线性的，受到一定程度上的制约，因此我们能够对这个顺序和过程的规律进行预测。言语行为与说话人的身份和社会地位有关，同时受到过去完成的行为、内心将要进行的行为，以及目前正在实际产生的行为的影响。在互动的语境中，发生一次言语行为需要施动者和受动者共同参与，当两者就某事件进行讨论时，会对此意义进行反复的商议或辩证，在这种互动过程中，对彼此言语的理解是言语发挥社交功能所不可或缺的。

---

① Teun A. van Dijk, *Text and Context* (London: Longman Group UK Limited, 1977), p.1.

托伊恩·A·范·迪克（Teun A. van Dijk）[①]认为，我们可以从不同的结构层面来描述话语，包括话语的句法结构和语义结构，也可以从语言使用者产生和理解话语的实际认知过程来研究。认知能够在实际的口头交际或其他交际形式中获得和改变，具有一定的社会性质。而认知研究着眼于在言语发生和理解过程中知识、态度以及其他思维表征所发挥的作用，话语结构的相关理论也可以正向引导人们产生和理解话语的相关思维模式。

二、话语的意义

美国符号学家查尔斯·莫里斯（Charles Morris）把语言的意义分成指称意义（referential meaning）、言内意义（intralingual meaning）和语用意义（pragmatic meaning）。指称意义即词语的概念意义，是语言符号对客观世界的反映；言内意义指同一语言系统的语言符号之间的关系，是语言的语音、词语、句子和篇章成分之间所体现的意义；语用意义指语言和其使用者的关系，包括表征意义（indexical meaning）、表达意义（expressive meaning）、社会意义（social meaning）、祈使意义（imperative meaning）和联想意义（associative meaning），揭示语言使用者的身份、背景、态度、感情，体现语言使用的环境。

英国语言学家杰弗里·利奇（Geoffrey Leech）认为语义基本涉及概念意义（conceptual meaning）和联想意义（associative meaning）两大类，联想意义又包括内涵意义（connotative meaning）、社会意义（social meaning）、情感意义（affective meaning）、反映意义（reflected meaning）、搭配意义（collocative meaning）和主位意义（thematic meaning）。莫里斯和利奇的分类从本质上来说是一致的。

我们在使用语言的过程中产生话语，结合具体语境，话语的意义能够在一定程度上表现出语言的内涵，这需要施动者和受动者反复磋商得出。

三、话语的交际策略

话语的交际策略指的是话语如何发挥最大效用的策略，即说话人需要通过何种方式来组织话语，才能让听话人能够正确理解其真正意图，并能在受话者身上发挥最大效能。话语策略主要包括以下内容：

[①] Teun A. van Dijk, "Multidisciplinary CDA: A Plea for Diversity," in *Methods of Critical Discourse Analysis*, ed. Ruth Wodak and Michael Meyer (London; SAGE Publications Ltd, 2001), pp. 96–115.

（一）从已知信息到未知信息的策略

强调剔除或少量使用听话人已经掌握，或可以通过其他方式自行获取的信息量，在保证必要信息量的前提下使话语更加经济简洁，易于理解。

（二）语境信息优于话语信息的策略

听话人通过语境获取的信息可以不转化为话语，有必要特别强调的情况除外，即能从语境中获取的信息应该优先于话语本身的信息。

（三）语面意义和言外之意的选择策略

我们可以发现，通过使用语法层面上的同义异形句式，一种意思可以通过多种不同的话语方式来表达。不同的语言系统，各种语义结构中的同义句式也不相同，在实际语言发生情况下需要结合语境中不同语用因素的制约进行判断，是选择使用语面意义明确表达意图，还是使用言外之意让受话者自行推理。

人们能通过话语结构中的信息分布来甄别信息类别，剔除旧信息、共有信息、背景信息，从而获取有用的新信息。说话人能够通过话语策略来表达自己，达到自己的实际意图，在互动过程中也会转化话语策略来陈述和突出主要思想及目的、协商意义。话语策略属于言语群体的社交语用规则，而社交语用规则又是语言能力的一部分。在学习语音、词汇、句法过程中，人们也获得了语言能力，语言能力是指人们通过调整语言形式，以适应社会语境需求的能力。

第二节 话语分析理论与功能分析

语言本质上是一种反映人类思想的符号系统，它是由语法与词汇共同构成的独立体制，大致分为书面语与口语两大类，语言的终极作用是传播各种相关知识与信息。语言的功能多种多样，一方面语言是用来人际间的情感交流与信息传递，另一方面是人类文明成果得以流传的载体。而话语主要强调的是语言的功能性体现，是使用中的语言。伴随着语言结构研究焦点的转移，语言的使用逐渐走入大众视野，学者与专家更加强调语言功能与应用研究。

一、话语分析的概念

《朗文当代英语词典》(*Longman Dictionary of Contemporary English*)（1985）

对话语（discourse）的概念规定如下：①严肃的口语和书面语；②严肃的会话。对严肃的书面语言或口头语言的分析即话语分析。

谢福林（Schiffrin）在 *Approaches to Discourse* 中对话语的定义是：discourse（话语）=utterance（语句）。① 关于 utterance 的不同译法和区别参见许余龙等。苗兴伟（2003）和王德亮将其译为"语段"，而克里斯特尔译为"话段"。许余龙等译为"语句"是考虑到 utterance 通常被认为是特定语境中实际使用的一个单位，与抽象语言系统中的单位 sentence 对立。而且，"语篇""语段""语句"这一组表示语言实际使用中从大到小的语篇结构单位的术语，可以较自然地与抽象语言系统中的"篇章""段落""句子"相对应。由于语句（utterance）属于自然语言，一方面，语句中带有话语的基本结构单位，另一方面，又体现出了此类结构单位在自然语言运用过程中的功能与语境，因此，话语也可以理解为将语句作为基本单位的语言应用。话语分析通常指的是对自然发生的关于书面或者口头话语的语言分析。

话语的存在，一方面受到对话情境的影响，另一方面又可以创造语境，话语也可视为一种交互行为，这一理论观点是进行话语分析的前提条件。话语构成行为，每句话均可以在一定的情境中完成一项任务。研究学者在进行话语分析时，需要通过多种理论研究成果，如变异分析、语用学、交际人种学、互动社会语言学、言语行为理论等，可以说，不同的理论研究成果侧重的研究方向有所不同，但是在其理论观点中也有着相同之处，即一致认为语言是一种社会互动的体现。总的来说，话语分析的研究目标设定为两个：其一是探寻话语连贯的规律，并将此种规律形成的话语结构形式化与明朗化，更加偏向于形式主义；其二探讨对话与话语参与者之间的关系，这里更加注重话语的功能。

二、英语教师话语分析

英语教师的话语指的是教师在英语教学过程中所使用的语言，这种语言分别以书面与口头两种形式得以呈现，在教学过程中起到至关重要的作用。一方面，教师通过话语将理论知识与技能传授给学习者，另一方面，教师在课堂教

---

① 关于 utterance 的不同译法和区别参见许余龙等人的研究。苗兴伟和王德亮将其译为"语段"，而克里斯特尔译为"话段"。许余龙等译为"语句"是考虑到 utterance 通常被认为是特定语境中实际使用的一个单位，与抽象语言系统中的单位 sentence 对立。而且，"语篇""语段""语句"这一组表示语言实际使用中从大到小的语篇结构单位的术语，可以较自然地与抽象语言系统中的"篇章""段落""句子"相对应。

学过程中，需要依靠话语实现与学习者之间的互动与交流。尤其是在第二语言的课堂教学中更是如此，具体来说，其一，教师的语言在课堂上具有目的语使用的示范作用，学习者可以模仿教师的话语进行第二语言的学习；其二，这种语言也是学习者第二语言进行输入的关键渠道。为了能够与学习者实现顺畅的沟通与交流，教师一般会选择通过简化的语言方式与学习者形成一种互动。因此，英语教师的话语构成为了课堂教学的关键组成部分，它既是目的语的信息来源，同时又是易于被理解的语言信息输入。无论教学课堂上教师采用的是何种教学方式，传授的是何种教学内容，又是怎样组织课堂活动的，教师话语始终贯穿于整个课堂教学活动的全过程。目前我国对于教师话语的研究相对较为广泛，涉及国民教育的各个阶段，具体的研究范围包括从小学至大学英语教学课堂的翻译、精读、口语以及听力等。学者专家经过多年研究发现，真正影响教学目的实现的因素有四个方面，即教师课堂话语的输入量、质量、话语使用的多样性以及课堂的提问形式。通常来说，英语教师在教学课堂上所使用的语言具有不同于其他学科的特征，具体体现在陈述句、祈使句以及疑问句中，可以说，教师话语在第二语言的教学课堂中就是教学的灵魂，促使课堂教学的顺利推进，并在此过程中使得学习者能够有效掌握英语的学习。可见，英语教师的话语在教学中具有举足轻重的作用。

三、英语教师话语的功能

话语在英语的教学活动中所担负的功能与其他学科的语言教学功能有所区别，一方面它具有传授知识的功能，另一方面又在此过程中起到为学习者树立榜样与示范的作用，以及实现师生间的互动与交流。具体来说，英语教师的话语在课堂教学中的功能有五个方面，即教学功能、示范功能、提问功能、互动功能以及反馈功能。

第一，话语在英语教学中担负的基本任务就是传授知识。尤其是在第二语言的教学课堂上，教师话语充当着第二语言的载体，学习者通过教师的话语获取到想要的知识。教师话语的质量与数量等因素直接决定着学习者获取目的语的质量高低。

第二，英语教师的话语在教学中成为学习者不知不觉中效仿的主要对象，学习者通过课堂学习与教师之间形成一种非母语互动，在潜移默化中受到一定程度的影响，因此，教师在课堂教学中所使用的语言必须具有规范性，同时又要注重语言的口语化，使得学习者能够从中学习到正宗的第二语言。

第三，教师话语在课堂中还具有一定的提问功能，一般来说，第二语言学习中的提问大致有两种，一种属于展示性提问，就是指教师提出一个问题，需要学习者给予一个既定的明确答案。另一种属于参阅式提问，通常需要学习者充分调动发散性思维给予教师具有创意的回答，这种问题的回答具有一定的开放性，没有一个明确的答案。

第四，教师在具体的教学活动中，话语起到一定的互动作用。主要体现在两个方面，一方面是教师在传授知识的过程中形成的一种独白语言，另一方面是教师在与学习者之间进行互动时形成的一种会话语言，而教师在整个课堂教学中，需要将具有一定逻辑严密性、完整性以及准确性的独白语言，与具有一定幽默性、机智性、规范性的会话语言之间能够实现灵活的自由切换。

第五，教师话语在学习者学习第二语言过程中具有重要的反馈功能。通常来说，教师的语言反馈功能在课堂中具有两种性质，即积极性与消极性，积极性主要体现在对学习者的肯定、鼓励与表扬等方面，能够促使学习者更加发奋地学习，对学习具有积极的正面影响，而消极性主要体现在对学习者错误之处的指出，具有一定的批评意味，较少学习者认同此类反馈，因此教师在教学中应当谨慎使用话语，以免对学习者造成相对负面的影响。

总而言之，教师应当注意第二语言课堂教学中的具体应用，一方面需要话语能够充分发挥出其应有的作用，另一方面，又要注重话语运用的科学性、规范性，并且便于学习者的理解与接受。与此同时，确保在与教师互动过程中，激发学习者的学习热情与兴趣，最终实现第二语言输入的重要功能。

第三节　言语行为理论

英国哲学家奥斯汀（Austin）提出的言语行为理论，是一种语言哲学学说，而后美国约翰·塞尔（J. R. Searle）等人在奥斯汀的理论基础上进行了进一步研究，使言语行为学说得以继续发展。奥斯汀认为，说话和写字等是人与人进行实际互动中的言语行为，语言是人类的一种特异行为方式。研究言语行为的本质和内部逻辑，是语言分析哲学的核心。人们之间互动沟通行为与意义的最小单位是言语行为研究重点，主要内容概括起来有三大类，即语谓行为、语旨行为、语效行为。具体来说，语谓行为是对词语使用的具体体现，是一种通过词语传达思想的体现；语旨行为，指的是在语谓行为基础上形成的一种语言力量；而语效行为主要指的是通过语句实现某种语义的传达效果。许多语谓行为不能同时发挥语旨行为的作用，但言语行为的形成过程必须要遵循一定的发生顺序，即在语谓行为的基础上才能促使语旨行为的实现，故此语谓行为与语旨行为之间，一方面存在着交叉关系，另一方面又有着明确的界限。语旨行为和语效行为的区别在于，语旨行为起到的效果是劝说性的，而语效行为起到的效果则是强制性的。

一、言语行为理论概说

言语行为理论诞生于1950年前后的英国。顾名思义，言语行为理论将言语视为一种行为，重点研究话语者说话时的语境和意向等语用因素[①]。言语行为理论的提出为世界各学界的发展做出了重要贡献，其研究内容涉及逻辑学、哲学、语言学等各个学科，其主要内容包括两部分：施行话语和记述话语区分说、言语行为三分说。此理论由世界著名哲学家奥斯汀提出，并由塞尔等人进行后续的不断完善。

（一）产生

首先，当代哲学的"语言转向"对言语行为理论的出现和发展产生了直接影响。

第一，20世纪初期，西方国家的经济与科技得到史无前例的大发展，这也促使思想领域也随之发生了巨大的转变，由于受到促使哲学具体化与反对"形而上学"思潮的巨大影响催生了语言哲学。语言哲学家们宣称，哲学不是抽象思辨的学说体系，而是一种具体的语言分析活动。[②]第二，伴随着科学研究的不断深入，人们发现造成众多知识形成的根本因素是语言问题，使得语言哲学应运而生。第三，语言转向的直接动因是因数理逻辑的出现与发展为哲学研究提供了实践工具。其次，早在奥斯汀之前，弗雷格（Frege）、马林诺夫斯基（Malinowski）和后期维特根斯坦（Wittgenstein）等人便已经对言语行为有了一定思考。弗雷格认为语言可以实现的事情其实更加多样化，除了描述事实和表达思想，还可以下定义、提问题和讲故事。英国社会人类学家马林诺夫斯基曾提出："在最初的使用中，语言作为人类行为，是连接人类一致行动的纽带。

---

① 涂纪亮：《英美语言哲学概论》，北京：人民出版社，1988，第343页。
② 赵亮：《塞尔言语行为理论探析》，硕士学位论文，西南大学哲学系，2009，第7页。

它是一种行动方式,而不是思考的工具。"① 在此之后,著名哲学家维特根斯坦的语言游戏论这一全新理论,则更加详尽地阐明了"意义即用法"的这一论断。

（二）内容

奥斯汀在对语言行为现象进行一步步深入探究后,提出了言语行为理论。当时很多传统哲学家认为"所有语言都是描述或者陈述事实",奥斯汀并不认同,他深入地对语言的使用展开了科学的研究之后,做出了"记述话语"与"施行话语"的具体区分,并在这一研究的基础上经过更加深入的研究发现,之前提出的"施行话语"这一概念实质上并不够严谨与科学,这一概念的提出很难将它与"记述话语"进行明确的划分,于是在对言语行为进行进一步剖析后提出了言语行为三分说。

1. 施行话语和记述话语区分说

有一种话语形式,其主要功能是陈述某一事件,或描述某种事物,具有真假属性,此为记述话语（constative utterance）,是人们经常使用的一种话语形式。举例如下：

月亮总是在晚上才出来——陈述一种事实。

狗在奔跑——描述一种事实。

我在吃饭——描述一种事实。

还有一种话语形式不存在任何描述物品或陈述事件的功能,而是在说话的时候便同时付诸行动,此为"施行话语"（performative utterance）。此类话语形式大多是在形容行动,以具体行为为话语中心而进行或完成某项活动,因此不存在真假之分。举例如下：

我们现在开始准备午餐——正在做"开始准备午餐"这件事。

我猜测你明天肯定会迟到——正在做"猜测"一事。

2. 言语行为三分说

"适当"是施行话语的评价标准,"真假"则是记述话语的评价标准。随着对施行话语和记述话语进行不断研究,人们发现原有的评价标准具有一定的局限性,为了能更加全面且恰当地对相应的言语行为做出判断和评价,奥斯汀在原有理论的基础上又提出了言语行为三分说。

---

① Bronislaw Malinowski. "The Problem of Meaning in Primitive Languages," in The meaning of Meaning, ed. Charles kay Ogden, Ivor Armstrong Richards (London: Kegan paul press, 1923), p. 313

经过进一步研究，奥斯汀认为言语行为不应该只局限于记述话语和施行话语两类，实际上这两种话语类型都是在付诸某种行为。由此，奥斯汀对此进行了进一步的划分，将以发生语言会话为基本方式而产生的具体行为进行了三个不同层次的划分，具体包括以言成事的言后行为（perlocutionary acts）、以言行事的言外行为（illocutionary acts）以及以言述事的言内行为（locutionary acts）。以上三种不同层次同时贯穿言语行为的全过程，并且三者之间是彼此依存，互不排斥的。目前全球范围内对这一行为的划分还未达成最终的共识，在此处将何兆熊先生的翻译当作通篇的一致称谓。

简单来说，所谓言内行为主要是指说话本身，也就是说出某个具有实际意义的句子，从句子的语法结构出发进行分析，发现它还包含具有实际意义的话语行为，以"书本放在桌子上"为例，句中包括词汇、语音的因素，遵循了一定的语法规则，并且形成了某种话语内涵与意义指向。言外行为的话语意义与语句本身的实际意义并不完全一致，说话人通过说出某个语句进行某种活动，但表达的意思常常超出字面含义，

以"校长在教室的外面"为例，与上一句不同的是，在基本表意的基础之上，又包含有提醒、警告的实际意义，从某种程度上来说，又增加了一些特殊的实施行为。所谓言后行为通常是以受话者的视角出发，特别指的是说话者所表达的语义对受话者无论是思想还是行为、心理等方面产生影响的话语，这些话语产生的效果或结果可能在没有超出预期，也或许不在预料之内，以"你要是再不认真完成作业，我就会通知你的家长"为例，这句话所产生的实际效果带有一定的规劝与警告意味，学习者由此能够认真地完成作业。

我们通过言语行为三分说来分析上级对下级的工作表现评价语，即上级对下级的工作表现评价本身体现的就是评价语的言内行为；对其工作表现进行表扬、鼓励或批评等属于言外行为；上级在评价中所传递的各种态度，以及对下级的行为和心理产生的不同程度影响则属于言后行为。

二、言语行为及相关概念辨析

（一）语言和言语

一般情况下，"语言"和"言语"非常容易让人产生混淆，尤其是在20世纪哲学的"语言转向"发生后，学者对两者的概念和区别等进行了更深层次的讨论，然而结果并不统一。因此，有必要对语言和言语的概念及关系进行简单的梳理，以对"言语行为"有更清晰的认识和界定。

1. 语言和言语的概念

语言是经社会实践产生的约定俗成的符号系统，它潜意识地存在于每个社会成员的脑子里。[①]语言在人与人之间的交往中充当着重要角色，是人际互动交流的重要载体与工具，并且可以传达某种特定的思想。

在某种程度上，语言属于一种知识体系，并且具有社会性质。语言由语言要素和语法规则两部分组成，其中语言要素又包括语音、词汇和语法等。而语言在量上是可控的，故此具有一定的统计性。言语是人们运用语言规则表达个人思想的各种组合以及可能表露这些组合的心理和生理机制，是个人意志和心智的产物。[②]

语言的具体应用就是言语最根本的内涵，它共有两种存在形态，即物态的言语作品，从某种程度上来说，这是一种"结果"与"产物"的体现；动态的言语活动，从某种程度上来说，这是一种"过程"与"行为"的体现。

2. 语言和言语的关系

从以上的概念辨析可以看出，语言和言语是彼此之间是对立与统一共存的关系，二者之间既相互联系又存在着某种差异性。

具体来说，二者之间的差异性体现在以下方面，语言是具有社会性的交际工具，被全社会共享，是一种结构成分有限且相对稳定的符号系统。言语则是使用语言后输出的结果。人们在使用语言进行交际时会将话语根据自己的意图进行组合，之后便产生了言语，言语具有个别性。

其次，两者的联系在于，语言的建立和发展离不开言语；同时，言语想要产生实际效果，表达的内容让人们理解，也需要语言。实际上，语言和言语两者的关系是相互影响的，语言承载着言语，是言语的工具和载体，言语则是语言运用的过程和结果。

(二) 言语行为

"言语行为"一词最早出现在1920—1930年的波兰、美国学者的著作中，并在人类学、语言学、行为主义心理学领域都有涉及。后来奥斯汀、塞尔等进行了更深入的剖析，对"言语行为"进行了进一步的阐释，使学者接受了"言语行为"的概念，并将其广泛应用于哲学、语言学等领域中。

奥斯汀认为，说话是在进行言语行为，一个完整的言语行为通常包含三个

[①] 李海林：《言语教学论》，上海：：上海教育出版社，2006，第13页。
[②] 李云云、马小成：《语言、言语和言语体系》，载《现代语文》，2008年第1期。

层次，即言内行为、言外行为和言后行为。塞尔对说话的看法与奥斯汀相同，他认为人们进行话语交谈的过程即"说话"这一过程，是在某种规则限制下实施语言行为的过程，并且可用言语行为作为衡量的基本单位。

与此同时，国内学者同样对言语行为进行了研究，并生成了几种不同的言语行为概念，其中认可度最高的有以下几种。

卢乐山、林崇德、王德胜主编的《中国学前教育百科全书·心理发展卷》认为，言语行为即人的言语活动：它需要一种目标引领活动的进行，这一过程受到人自身认知能力的限制，是一种被认知系统所调控的活动。在言语活动过程中，说话者会根据自身的意图及会话发生的场景，从自身的知识储备中匹配到当前最合适的词汇和表达方式，与对方进行交谈，并在言语交谈的过程中根据自身的目的、动机进行下一轮会话的预判；听话者会根据自身的语言知识及对话情境理解对方话语的真实意图并做出相应的反应。

董绍克、阎俊杰主编的《汉语知识词典》这样定义：第一，言语行为理论。在奥斯汀提出的言语行为理论中，交际的基本单位是行为，如通知、承诺、表示感谢等，而非句子。同时，奥斯汀将言语行为分为言内行为、言外行为、言后行为。第二，言语活动。言语行为指实际话语交际中的听、说，以及书面交际中的读、写。

言语交际的发生过程需要说话人、听话人、话语、言语行为四个因素的共同参与，如此才能实现一个完整的交际过程。实际上，语言是承载信息的媒介，言语行为则是通过语言在说话人和受话人之间传递意图信息，并实施语用意图的行为。

第二章 话语语体、语境与话语文化学

第一节 英语话语语体特征分析

一、情景话语的语体特征

与其他话语形式不同，情境话语源自现实的交际生活，具有非常特别的语体特征，主要表现在以下几个方面：

（一）语音方面

1. 语音变体

语音变体最直接地反映在音的变异现象上。人们在进行自然谈话时语速非常快，有更高程度的音的同化现象，在上下文连贯的前提下会出现连读、不完全爆破、读音的融合和弱化等情况。例如，would you 常发成 /wudʒu/ 而不是 /wudju/，last year 常发成 /læstʃiə/，going to 常发成 /gənə/，more and more 常发成 /mɔː mɔː/。其他形式的话语，如念发言稿、发表演讲等则不会发生。结合现实情况，以上现象会让元音和辅音在形式上发生某种变化，在某些情况下可能会与语音规则相悖，而只是从词典的注音了解和学习某一单词是无法辨认该词在不同情境和形式的谈话中的语音变体的。

我们知道，英语是通过重音确定话语节奏的，因此即便是同一个功能词，在不同的句型和语言环境中，其读音也会存在区别，从而增大了人们在交谈时相互理解的困难。

在自然话语中，在某些情境下人们并不能直接将意图表达出来，只能通过某种方式将自己的意图婉转、间接地传递出去，这种现象在语言学中也非常常见，被称为语言的间接性（linguistic indirectness）。语调就是语言间接性中最常用的一种方式，自然话语可以借助语调、重音消除模糊现象，这是自然话语与其他形式语体之间的另一个显著区别。

从句法的角度分析，语调区别了一种句式与另一种句式，在这种情况下，语调没有改变句子的语法功能，也没有对结构产生歧义，只是增加了已用语法和词汇表达的意义。在句法上，语调对不同的句式进行了区分，但并没有改变句子的语法功能，也没有对结构产生歧义，其只是对已经使用了的语法和词汇所传达的含义进行了一定程度上的扩充。日常话语中的语调有很多形式，它不仅可以改变话语的含义，还能表明说话者的态度，为说话者的语气赋予更加丰富的情感色彩。例如：You behave yourself. 这句话的重音可放在 you 上或 behave 上，而同一句话重音不同，产生的效果以及传达的含义也会有很大差别：重音放在 you 上，该句则为祈使句，表达"规矩点儿"的意思；重音放在 behave 上，该句则为陈述句，表达"你的表现不错"。再如：What did you put in my drink, Jane? 在这句话中，如果说的过程使用的是降调，则表示的是向 Jane 询问在饮料里放了什么。如果在说的过程中，在 Jane 处使用升调，意思就会发生变化："是不是把 Jane 放进了饮料？"此外，当一句看起来相似的话中出现同音异形词的情况时，只有通过重音来区分才能让听话者理解话语的意思，如在词组 people off the island 和 people of the island 中，前一个 off 重读，词组意思是"岛外的居民"，而后一词组中 of 弱读，意为"岛上的居民"。

自然话语所具有的鲜明特点，则是在一定情况只通过语调或者调整重音，便可以向听话者传达不同的话语意图和情绪，而不需要使用语境做参考，这是任何形式的书面语都无法达到的。

2. 停顿现象

在实际的交谈中，对话双方一边说话，一边思考，这时会话在没有任何准备的情况下进行，停顿就成了其思考、盘算的手段，也就会在非常规位置上出现停顿的现象，如在意群结束前，而并非在意群之后或在标点处，且停顿次数较多。

自然交谈中会出现同一单词、词组或句子反复出现的现象，这也是说话人在交谈过程中进行思考，以及寻找新话题的手段之一。

（二）句法方面

1. 词汇的不准确性和模糊性

代词、指示词等具有模糊意义的词，在自然言语中的使用频次较高，如them、these、we等，请看例子：

Two old men are talking about the days gone by.
—The beer's just like water.They don't make it as strong as they used to.
—No. Things aren't what they used to be, are they?
—The pubs aren't any good nowadays.
—No. But they used to be good when we were young.
—The trouble is that the young people don't work hard.
—No, but they used to work hard when we were young.

在以上对话中，they这个词在对话中多次出现，且每次出现都代表了不同的人或物，也并没有明确所指代的范围，但进行交谈的双方能通过当下特定的语境，顺利地理解对方所传达的意思，顺利地完成对话。

在人们进行交谈时，在各种条件的限制下，交谈双方不能像写文章一样进行仔细思考，为了能更加清晰、直接地传达本身的真实意图，自然话语可以大量地借助手势和面部表情，但在词汇的选择和运用中会出现疏漏，存在用词不够精确，甚至不准确的问题。

因此，自然话语词汇存在不准确性和模糊性，增加了话语听力理解的难度，由于语境的制约，解释功能就显得非常重要了。

自然话语中常出现语法不规范甚至不符合语法规则的句子，然而正如英国语言学家米尔罗伊（Milroy）所指出的：“像书本那样谈话在随便、自由的会话中是不可接受的。"另一位语言学家沃尔夫勒姆（Wolfram）也认为："规定性的标准语在英语本族人的日常话语中并不自然，它是一般英语本族人语言使用之外的语言。"毫无疑问，在一定程度上，语法不规范，甚至是不符合语法规则的句子必然为话语理解增加了难度。

2. 句子不规范性

句子的不规范性常表现在谓语动词上。例如：

How ya doing? = How do you do? Can I come in? = May I come in?

I hope to see you around. = I hope we will meet again soon.

句子的不规范性还常见于句子各成分的紊乱无序上。例如：

She didn't like them there boys. = She didn't like those boys there.

对于不合语法规则的范围，学术界也存在一定的争议，争论点主要集中在句子的不规范性是否应该纳入不合语法规则的范围内。在语言学领域中，一些专家对此持肯定意见，但也有部分专家认为句子的不规范性只体现在句子的结构不严谨或用词不规范等方面，并没有违背语法规则，因此不应该被归类到不合语法规则中。事实是语法不规范的句子在日常会话中非常常见，这种意见分歧其实也并不重要，重要的是如何借助特定的语境准确地理解对方的真实意图，从而让会话能畅通无阻地完成。

在自然交谈中，我们常会说出或听到类似的句子：This is the house that its roof fell in. 这大概属于语法老师一再告诫大家不要犯的那类错误，然而，按照米尔罗伊的观点，它是正确的，是一种标准的英语口语。

再如：He said he finished it. 确切地说，此句应该用过去完成式：He said he had finished it.

在实际交谈中，这种与"与语法错误"相似的表达，并没有给人们的交流带来任何的不便，人们同样正确地理解说话者的真正意图，因而以往人们便达成这种共识，演变成自然语言中一种固定的表达模式。

3. 句子省略现象

在自然话语中，人们常使用省略句，有时甚至用一个词组、一个单词代表一个句子，举例如下：

A: Are you interested in music?
B: Yes, I like classical music. How about you?
...
B: Play the piano?
A: A little bit. I like to fool around some of the more moden composers.
B: Oh, who, for instance?
...

B: Isn't his music rather difficult?

A: In a sense, yes.

再如，我们向对方借用或是索取某样东西时，常用这样的省略结构：

Got a cigarette（pen, match, etc.）? —Have you got...?

以下是一位出租车司机与其乘客的一段对话，我们可以从中感受到出租车司机的热心和随和，也可以领略到自然话语中省略句使用的普遍性。

A: The Roosevelt Hotel, please.

B: You new to town?

A: Yes, this is my first visit.

B: Seen much of the city?

A: No, any ideas?

B: There is good jazz group on at the Last Exit.

当然，省略句通常出现在一些非正式的场合或关系密切的熟人之间，与交谈的场合以及交谈对象相关。同时，说话人的知识、涵养、职业背景也会对其说话方式产生不可忽视的影响。

（三）自发、无准备特征

首先，自然话语通常是在说话人没有任何准备的情况下自发产生的，以至于话语在逻辑上不够严谨，甚至不符合逻辑，出现支支吾吾、颠三倒四等现象。例如，大学英语精读教材第1册第8课中，当母亲接到儿子战死的电报时对信差说了这样一番话：

> Come inside. Come inside. I will bring you candy... All boys like candy... You won't bring me a bad telegram. You are a good boy—like my little Juanito when he was a little boy. Eat another piece... It is our own candy from cactus. I made it for my Juanito when he come home, but you eat it. You are my boy, too.

噩梦般的消息让这位母亲感到震惊，她面对着年幼的信差说着语无伦次的话。人们在特殊的语言环境下（如恐惧、惊讶、兴奋等）会出现这种语言现象，同时说话者的文化素养也会对此产生影响。

其次，说话者在说话的过程中常常发出一些有声的停顿，这是因为说话者需要在思考和盘算的同时展开话题，常见的如 em、er、uh、oh 等。

最后，说话者为了在确保交谈能顺利进行的情况下进行更好的思考，经常会使用一些没有意义的补白词或者句子，如 Well、I see、you know、I think OK 等。

说话者对于一些话语羞于启齿或难以开口时，会利用补白词进行斟酌和思考，同时，说话者所使用的词语和语气等也是准确把握和理解其意图和情绪的关键因素。

（四）其他

在情景话语中，同步话语现象和俚语也具有很高的使用频次，这也是情景话语的特点之一。

自然话语中同步话语的现象时常发生，只是时间延续不长。同步话语是由于抢接话轮而产生的，这种方式并不影响交际的顺利进行，而是营造出一种交际双方相互合作、积极参与的谈话气氛。

然而，发生同步话语的情景并不都是轻松和谐的，当人们之间因某种矛盾引发激烈争吵时同样会为了争抢话轮而发生同步话语的现象。

综上所述，说话人在很多情境下都可能发生争抢话轮的情况，无论是剑拔弩张还是和谐友善，任何氛围下抢接话轮而产生的同步话语都会对听话者识别语句造成困扰，提升听话者理解话语的难度。因此，无论是剑拔弩张的对峙还是热情洋溢的交谈，抢接话轮所产生的同步话语都对听音辨别产生了不同程度的干扰，增加了听力理解的难度。

当前存在多种类型的语言形式，而在自然语言中被人们广泛运用的则是俚语。使用俚语可以达到拉近交际者之间距离的效果，让谈话的氛围更加和谐融洽。请看例句：Say, cabby, can you take me to the airport?

这里使用 cabby 较 taxi driver 更为方便，给出租车司机一种亲切、自然的感觉。再如：Your hairstyle is so cool. "cool"在英语中被惯用表达 attractive、pleasant、in good taste 等意，而受欧美流行文化的影响，汉语中"cool"一词在保持与英语中的含义相同的前提下被音译成"酷"，进而被人们尤其是年轻人广泛使用。然而，起初"cool"一词却是用来形容一种比较柔和的爵士乐的，与现在的含义差别较大。

值得一提的是，杰克步森（Jacobson）曾将英语中的会话分为5种不同的语体，当交谈对象和场合不同时，人们交谈时产生的自然话语会发生变化，但自然话语的基本语体特征是大致相同的。

语言学习和分析者可以从对自然话语的研究中得到一些启发：同语言一样，使用面部表情和手势等非言语交际手段在交际中起着无法忽视的作用，是人们进行自然交往过程中的一种常见现象，也是文化的一个组成部分。此外，语境对语言的理解和表达存在着制约。实际上，在言语过程中，语气和语调也可以构成一种特殊的语境，能否准确识别语境是语用能力高低的体现，也决定着交际过程是否能够顺利开展。

二、话语的非言语特征

人们在使用语言的过程中需要结合语境，根据语境来判断话语的真实意图，可以说任何话语都是一定语境的产物。话语的构成系统可以分为两大类：特指上下文或上下语的语言符号内（言语语境），以及语言符号外（非言语语境）。语言符号外又包含两方面的具体内容即隐形语境（如价值观念、习惯、风俗、文化、经济、政治），以及显性语境（如自然环境、对象、地点等）。显然，非言语语境所包含的内容较多，范围较广。下面着重以非言语语境中的非言语信号为研究对象进行阐述。

萨莫瓦（Samovar）和波特（Porter）对非语言交际的定义如下："非语言交际包括在交际的环境中人为的和环境产生的对传播者或受传者含有潜在信息的所有的刺激。"由此能够看出，双重性是非语言交际的显著特征，它既能够是具有一定意识的，在客观环境的影响下又可以是无意识的。在实际的交际场合中，言语信息主要是传递说话者的思想内容，非言语信息则可以通过不同的交际方式来表达，能更加准确、形象地传达交际者的内心活动和真实想法，达到言语信息无法达到的效果。

在钱冠连1997年出版的专著《汉语文化语用学》中首次提到"附着符号束"这一概念，它是指语言符号以外，一切伴随着人、附着于人的符号，如有声气息、面部符号、身势符号、伴随的物理符号（物体）。所有随着人的物体均能够作为某种符号使用，只要它代表一定的象征意义，并具有一定的规约性，均可视为符号进入交际。举例说明，实际的录音资料因其特有的语体特征，表现较为醒目的则是非言语信号。

在实际的言语交际中，人们可以从非言语信号中获得大量的有用信息进行处理判断。其中，说话人的叹气声、笑声、有意无意发出的咳嗽声，以及录音材料中的各种背景声音等也被一些语言学家称为类语言或副语言。

（一）笑声的语义功能

笑声属于功能性发声，语义功能特殊且丰富。笑声并不是单纯地表示快乐或兴奋，它具有丰富的表达效果和层次，人的喜怒哀乐等各种情绪都可以通过笑声传达，它可以被用来活跃气氛，在尖锐的对峙或紧张的氛围中缓和关系、扭转局面。请看下面一段对话，F 买了两张门票，想让 M 去看排球比赛，可 M 不感兴趣，F 想尽办法说服 M，最终 M 答应了，继而，F 提出要 M 付给她一张门票的钱。

M: oh —uh... you know, I've just remembered something.
F: What?
M: I've got to see some friends this evening.
F: Oh ...I see...I mean...you won't be coming, after all, then?
M: No, not unless...
F: Unless what?
M: Perhaps you could let me have the ticket for a bit less? Let's say three pounds.
F: But you said you had to meet some friends!
M: (laughing) Come on. I was only joking. Here's your five pounds. Of course I'll come.

M 跟 F 开了个玩笑，见 F 竟然当真了，便大笑起来，一方面是 F 严肃的表情把 M 逗笑了，另一方面也是为了缓和一下氛围，活跃气氛，让交际能顺利进行。

再请看这一段对话，Man 携带一包珠宝过海关，又不想报关，便同海关检查员周旋，但做贼心虚，问答之间常以笑声来掩盖自己内心的紧张。

C.O.: Good morning, sir, madam. Just returning from a holiday, are you?
Woman: That's right.
C.O.: And how long have you been abroad?
Woman: Two weeks.
Man: Yes, not very long. Not long enough to buy anything anyway. (laughing)

Man 的笑声非常不自然，但比较明显地传达出了其内心活动和想法，其笑声对言语语义起到了修饰作用，成为语境构成中的一个重要组成部分。

（二）语气、语调的表意功能

在实际的交际过程中，说话者的语气、语调及音量的变化具有明显的表意功能。说话者的态度、心情、情绪等可以根据其语气来判断；在英语中，语调也具有很强的表意功能，对语义起到了一定的决定性作用；语速、音量的变化也是比较重要的语音区别符号。再以 *At the Customs* 为例，并请注意括号中描述部分海关检查员情绪的变化。

C.O.: Have you got anything to declare?

Man. Well...Yes. I would like to declare that I love my wife.

Woman: Oh, Harry. You've never said that before.

Man: Well, it's true! It's just that I've never been able to tell you before.

Woman: And I love you too!

C.O.: (clearing throat) I'm sorry to interrupt, but I must ask you whether you have any goods to declare.

Man: Ah, well, I do have a record-player, a fridge and something for my wife's birthday that I'd rather not to tell you about.

...

C.O.: (annoyed) What I want to know, sir, is whether you have any goods in that bag that I should know about.

Man: Well, let's have a look. (open bag) We've got some bars of soap, a tube of toothpaste, clothes, a jar of cream...

C.O.: (angry) I only want to know if you have anything liable for tax, like cigarettes, perfumes or bottles of anything.

Man: Well, we do have a bottle of shampoo.

C.O.: Okay. I've had enough. You can go.

...

(Takes hold of the suitcase drops and the contents spill out.)

C.O.: Just a minute. May I see that jewelry, please?

...

C.O.: And now what have you got to declare, sir?

出于礼貌和职业习惯，一开始海关检查员礼貌且耐心地对 Man 和 Woman 进行询问，几句交谈后发现 Man 故意对其提问的问题避而不答，这使海关检查员心生不悦，就降低自己的语速再一次询问 Man 是否有物品需要报关。但 Man 仍然不正面回答问题，检查员便由不耐烦变为生气，他提高了自己声音的音量，加重了自己说话的语气，最终他厌烦了 Man 的态度和行为，只好放弃询问，无可奈何地说道："Okay, I've had enough. You can go." Man 如释重负，急忙逃离，结果在慌乱中他的妻子不小心将箱子打翻，珠宝露了出来，海关检查员终于抓住了证据，于是他说话的语速变得极为缓慢，用讽刺的语调再次询问道："And now what have you got to declare, sir?"

在以上整段对话中，海关检查员的语气、语调、语速及音量的变化，生动地反映了他的心理活动，我们可以通过这些明显感知到他的情绪变化。

（三）语音分隔与替代符号

在自然交际过程中，人们使用语音分隔符作为一种断句的标识，通过它将话语中涉及的各个语言主体进行分隔，其在一定程度上可以被认为是另一种形式的标点符号。另外，人们也可以使用语音分隔符号作为表达情绪或心理状态的一种手段，可表示郁闷、犹豫、思考等状态，听话者也可以通过语音分隔符非常直观地读取对方的心理活动。

在某种程度上，语言替代符号是某些词或话语的替代语，既能传达某种情绪，又不妨碍听话者理解话语的含义，因此在口语中常会出现如下表达：

（1）—Do you like swimming?
    —Oh, that is very nice.
（2）Aha, I've got it at last.
（3）"Hm!" said Gerald, in disapproval.

上述例子中的"Oh""Aha""Hm"可分别表示"Yes""How Wonderful!/Oh, my God!""No"之类的话语。这些语音替代成分是言语无法取代的，它们在起着某些词语或话语作用的同时，又比话语更微妙和传神，也更加符合当时的语境要求。

（四）背景声音的提示功能

真实录音材料中的背景声音也是一种特殊的语境，它可以表明说话人说话的时间、地点，以及说话的场合等，起到一定的提示作用。但这种语境是由录音制作人加工而成的，是一种客观存在，而不是说话人制造的，所以它只能起到语境提示作用，无法反映出说话人的情绪、态度和心理状态，并且这种提示可以帮助听者快速进入正确的语境中，给听者一种具体而生动的想象空间，让其准确地辨别分析说话人话语的含义。

在话轮转换即实现说话人替换的过程中，谈话参与者的目光（gaze）也发挥了重要的作用。肯顿（Kendon）认为，说话人和听话人的目光凝视模式是有差别的，虽然会话双方在交谈中凝视对方的时间长短不一，但听话人凝视对方的时间要比说话人凝视对方的时间长。说话人在马上要结束这轮发言时，会不由自主地把目光投向听话人，这可以作为一种信号或者标志，让听话人判断对方是否要结束此次发言。当说话人面对不止一位听话人时，说话人的目光往往可以投向其选择的下一轮发言者。

这一幕经常发生在学校课堂会话情景中：当老师在教学课堂上提出一个问题时，在已经有选定目标的情况下，他会在提出自己的问题的同时，凝视他早已在内心选定的学生。

非言语交际，甚至是跨文化交际过程中的非言语交际，十分值得人们深入研究，因为非言语交际过程在很大程度上受参与者自身文化的限制和引导，人们的形体动作、面部表情、对空间和时间的运用和把控都是在受到长期的文化渲染下形成的一种潜意识行为。而在不同的文化背景下，同一种非言语交际行为所代表的实际含义可能并不相同。例如，点头这个非常常见的动作，却既可以表示同意，也可以表示反对；手臂交叉这种姿势，在有的文化中表示听话人正在认真聆听说话人的发言，是对说话人的一种尊重，而在有的文化中则表示对说话人的轻视和不以为然的态度。在非言语信号中，虽然有声符号的文化差异并没有表现得那么明显，但也是存在的。这里笔者转引王得杏的一个例子。

一位顾客在英国某地一小餐馆里买了一盘肉食，服务员问要不要加肉汁。本族语服务员（A）与非本族语服务员（B，来自印度的移民）说的是同一个词，但语调不同，前者用升调，后者用降调：

A：Gravy?

B：Gravy.

虽然本族语者和非本族语者说的是同一个词，但在英语里意思完全不一样。问话语调即升调的意思是："Would you like gravy?" 降调的意思则是：

"This is gravy. Take it or leave it." 但在印度文化里在上述情景中，提问时用降调是正常现象。

正如霍尔（hall）所指出的：语言在理解上存在两大障碍，第一个是语言的直线性；第二个是各种文化差异。文化差异使不同的人对某些词或话语的理解不同，甚至会产生较深的偏见，这种偏见造成了理解上的诸多障碍。为了跨越这些障碍，语言学家们提出要从对方的立场感受其文化，这样做的前提和基础是需要对对方的文化有全面系统的认知，他们将此称为移情或神入（empathy），所以文化教学成为目前人们比较注重的一个方面。

非言语交际和言语交际之间既存在区别又有着相似之处。区别在于，非言语交际可以连续不断地进行，它没有一套明确且系统的符号，也不存在固定的法则和规律，并且一部分非言语交际手段是先天无意识的；相似之处在于，文化对两者的影响非常大，起着重要的支配作用。非言语交际与言语交际在交际过程中相互补充，相辅相成。由此可以看出，非言语交际的研究既是一门独立学科，也需要与言语交际的研究相结合，从而真正理解和把握人与人之间交际以及跨文化交际的真谛。

本节只是从众多话语语体中选择两种具有代表性的话语语体进行归纳和分析，总结这两种话语的部分规律。从以上分析中不难看出，话语语体分析离不开话语语境。在特定的话语语境中，话语使用者会使用不同的话语语体，表现出不同的话语特征。

第二节　话语语境特征及其构建

一、动态语境与语言交际

随着语言交际技巧和功能研究的不断深入，语境学逐渐进入学者们的研究视野中，并且随着时间的推移对其研究的深度与广度都在不断加深。然而由于受到"共享知识"理论的影响，使得人们对语境的理解太过绝对化，而忽视了它的相对性。本节研究主要从语言与交际中的实质性展开分析，共同探讨相对语境存在的机制，并从语用学角度出发，对动态语境在语言交际中的重要作用展开深入探讨。

（一）语境相对性存在的语言机制

北京师范大学伍铁平教授在一篇题为《论语言的机制》的文章中全面、深入地对语言展开研究，并发表了自己的见解。他认为，语言的七种机制包括补偿机制、多余机制、类推机制、对称机制、经济机制、排除机制、预设机制。其中，预设机制与排除机制决定了语境的相对性。

一般而言，人们在日常沟通时存在诸多无须刻意解释便心领神会的预设（pre-supposition），或称之为前提、先设，不然人们在交往过程中会存在一定的障碍。以"晒太阳"为例，字面理解其意为放置于阳光较为充足的地方进行晾晒，无论说者还是听者都能清楚这一预设，所以即便表达得不严谨，其沟通的过程也很顺畅，并尽可能地使话语更加精简了。再看下例：

甲：长虹牌电视的质量不错，物美价廉。
乙：是吧，我们家两年前买的松下牌电视价格不便宜。

说者和听者通过自身所积累的生活阅历和经验，可以通过简单的词汇顺畅地沟通。这是只需要通过简单的话语就可以说明的相对简单的预设。反之，还存在一种涉及客观背景知识的复杂的预设。例如："看你这副面孔，活脱脱一个林黛玉。"《红楼梦》当中的林黛玉这一人物的特点是聪明、细心，却多愁善感，身体羸弱。若是听者没有接触过《红楼梦》，自然不清楚林黛玉，进而也不理解上述例句的含义，且此句意也无法通过简单的话语讲述明白。语言和文化关联甚密，人们在对预设机制进行把握时会受到文化背景差异的约束，这一现象常见于跨文化交际中。

除此之外，交际的过程也会受到年龄差异的影响，这种预设不局限于简单还是复杂。请看如下例子：

妈妈：儿子，请帮我递一下剪刀行吗？
儿子：一句话。
妈妈：到底行不行？

在上述的例句中，"'一句话'就等于'没问题'"是妈妈和儿子应当共同清楚的前提，但是妈妈很显然不清楚，所以会出现"到底行不行？"这句话。

通过这一例子可知,语言的预设机制存在一定的民族色彩和主观性,同时表明"共享知识"是无法证实的假设。

在语言的使用过程中,排除机制在很多地方都可以被找到,如语义。作为语义学的开创者,语言学家布列阿尔(Michel Bréal)指出,一般情况下,在某一特定的语境中,一个词只能代表一个意思,该词的其他意思会被听话者自动排除,说话者和听话者能对该词达成共识以理解彼此的表达意图(人为的双关语除外),这就是语言的排除机制。除语义之外,这一机制在语音和构词等方面均有所体现。但是,在现实交际中,人们的语言掌控程度各不相同,在应用排除机制上自然也不同。这一情况常见于跨文化交际当中,如通常我们所说的"吃东西"的"吃"字,对于初学汉语的人来说很容易理解,但是"吃"字在"吃官司"或"吃不了兜着走"中理解起来就比较困难了。

又如,我们经常使用的"打"字,如打球、打毛衣、打水、打架等,对于不了解汉语的人来说是很难理解的。

同理,语言排除机制的差异性在不同年龄阶段、不同层次之间是非常常见的,并且语境决定了人们对话语的理解,因此也出现了不一样的语境效果。

(二)交际是动态过程

在实际交谈的过程中,人们需要不断揣摩对方的话语,不论是否能够正确判断对方的真实意图,都需要及时对对方的话语做出反应和应答,在此过程中,语境可能是动态变化的,即语境具有动态性。这反映在以下两个方面。

首先,语境是推理过程的产物。斯珀伯(Sperber)和威尔逊(Wilson)指出,在交际过程中,会话的参与者会接收说话者传递的信息,将新信息与当下的语境结合后再进行判断,输出此次会话的结果。同样,弗兰克·丹斯(Frank Dance)也认为,在交际过程中语境是会发生变化的,因为听话者会根据说话者的话语做出反应,其产生的反馈信息也会作为新信息,反向对说话者产生影响,使说话者的状态与上一次发言时的状态相比发生变化,并在新状态下继续进行交际,这是一种螺旋上升的过程。值得注意的是,如果听话者不能完全理解说话者的真实意图,会让交际进程发生阻塞。如果交际双方交流无障碍,交际进入下一个回合或阶段后,交际双方会进入一个新的情境中,说话者和听话者使用的语言及非语言交际手段会成为新的语境要素。通过以上分析,言语交际的动态属性可见一斑。

其次,关联具有相对性。语言交际在进行过程中可能会遇到种种不利因素,阻碍交际的开展,但多数情况下交际过程是畅通无碍的。斯珀伯和威尔逊的关联理论揭示了其中的奥秘,他们认为新信息与现有认知假设可以让语境间产生三种关联方式,这三种关联方式是语境效果的决定性因素:①使新的信息与语境相融合;②用新的信息加强已有假设;③使新的信息与已有假设互相矛盾或排斥。语言交际具有灵活性和模糊性,相比于会话原则理论,关联原则更能体现这两种特征。关联程度有两个影响因素,一个是已经达到的语境效果,另一个是处理话语时所付出的努力,它们对关联程度的影响不是独立的,而是两个因素共同作用的结果。在同等条件下,关联性随着语境效果的增强而增强,两者是正向影响,但关联性与处理努力间是负向影响,处理努力越大关联性则越小。只有当语境效果和处理努力处于相互平衡时,话语提供的信息才被认为具有关联性。

(三)语境相对性的几种特殊表现形式及其功能

1. 跨文化交际中产生的语境效果差异

就像语境一样,文化的定义是相对比较含糊的,而又像上文所说的那样,对语言的研究也需要结合不同的文化背景。在跨国文化交流中,如果交流的双方文化背景不同,那么即使他们在同一语境中交流,对于会话的含义也有着不一样的理解,并最终会产生不一样的语境效果。由于各自的文化背景不同,即便是在同一语境下,跨文化交际双方也可能会曲解对方想要表达的意图,产生各自不同的语境效果,造成障碍。例如,有一对在美国经商的中国夫妇,在两人的结婚纪念日聚会上邀请了很多当地的美国朋友。他们会在夸赞女主人美貌时会这样说:"Oh, you are so beautiful.",然后男主人就会谦虚地回答:"No, no, she isn't beautiful at all."。人们听了男主人的回答之后就觉得非常惊讶,不知作何反应。男主人之所以会这样回答,其实是处于中国式的礼貌原则,便选择了这样贬低自己的方式,以给人谦虚的感受,但是美国人则不同,他们基本上不会使用这样的表达方式。可见,如果交际双方文化背景不一样,那他们的交流方式也会大不相同。

再比如,莎士比亚(Shakespeare)著名的十四行诗的开头为 Shall I compare thee to a summer's day? /Thou art more lovely and more temperate. 稍微了解英国气候的人都知道,只有英国人才会把夏天和"lovely""temperate"这两个词联系起来,我国人民一说到夏天,想到的往往是难熬的酷暑和烈日炎炎。

2. 语境的破格现象

语境在帮助人们更好地理解话语的同时,也会存在限制作用,但这种制约不是绝对的，说话者为了达成其预期的效果或目的，也会摆脱语境的约束，我们称之为语境的破格（licence of context）。例如，利奇（Leech）就认为："实际上，诗是不会被语境所约束的，所以，诗人在创作时往往可以充分发挥自己的想象力，通过语境将创造的情景暗含在自己的作品当中。"就像上面我们说到的莎士比亚的诗句，"人"和"夏天"的概念是完全不同的，怎么可以自同一个语境中被放到一起呢？不过，这恰恰能够体现出作者在语言方面的能力，英国是一个常年被雾气笼罩的国家，对于这个国家的人来说，只有在夏天才能看到明媚的阳光，所以，英国人非常喜欢夏天，莎士比亚也正是抓住了英国人这一心理，于是在创作的时候，就将人比喻成像温和且可爱的夏天一样，本国人读起来会觉得非常赏心悦目。

3. 语境模糊概念的限制作用

从某种程度上来说，语言模糊性是由语境的相比性决定的，具体的语境又限定着模糊的定义。就像"半"这个字一样，我们可以在字典中找出其明确的解释：二分之一。但是，如果这个字所处的语境不同，那么其表达的意思也将完全不一样。有一句很有名的诗句"半江瑟瑟半江红"，这里出现了两个"半"字，其所表达的意思并不是"二分之一"，而是代表了一个概量；而"下半旗"中的这个"半"字也不是二分之一的意思，而是从旗杆顶部往下到旗杆三分之一的地方。在英语中也能见到这样的表达，如 Well begun、half done，翻译成中文就是良好的开端是成功的一半。"half"仅表示一个概量，与 one hour and a half 中的"half"不同。

4. 隐性语境与虚拟语境

在交际过程中，有些语境并不是十分明显的，这些隐藏的语言或非语言环境被称为隐性语境（opaque context）。例如，前一轮交谈所产生的语境暗示，这具有较强的主观性。那些与交际话语有关的一些文化百科和知识背景等客观因素，也会产生隐性语境。

有些语境在现实生活中无法找到，是说话者根据自身需求杜撰的，这种语境被称之为虚拟语境（subjunctive context）。科幻作品就是一种典型的虚拟语境，这些作品中的话语所依赖的，是现实世界中不存在或目前无法做到的语境。

从上面的分析中我们可以看出，语境不只是语言学研究的一点内容，还包含了多种学科，如翻译学、修辞学等等。对语境在其他学科中的应用进行探讨，能够从很大程度上促进语境的发展，对于语言交际的研究以及语言上的教学也有着很大的积极影响。

(四）把握动态语境与语用能力

随着对语言研究的不断深入，语言学家们从语用学的视角进行探索，发现了一个非常重要的概念——语用能力。首先，语言学界中的各位专家学者对语用学的界定基本相似。荷兰语言学家哈泼浪德（Haber Land)和麦埃（Mey）认为，语用学是语言研究的科学，它的外部是指制约语言使用的具体条件，它的内部是指语言的具体使用和使用者。因而，语用学的定义是决定语言实践（使用和使用者）的条件的科学。这里所谓的语言实践的条件实质上就是语境。何自然在《语用学概论》一书中指出："语用学，即语言实用学，它研究在特定情景中的特定话语，特别是研究在不同的言语交际环境下如何理解语言和运用语言。"刘绍忠也指出："语用能力指听话人对语境的认识能力和对语境的认识的基础上理解别人的意思和意图的能力。"此定义揭示了语境和语用能力之间的关系：语用能力包括辨别语境的能力，要想能够成功地识别语境，有效地传达自身想法，需要拥有识别语境的能力，这是判断语用能力强弱的一个十分重要的先决条件。简而言之，识别语境的能力是语用能力的构成部分之一，只有具备识别语境的能力，才能继续发挥和使用语用能力。

语境对于语言的理解和表达有着一定的制约影响。一个选择在有的语境中可能是正确的，而在有的语境下可能就是错误的。所以，语境改变以后，答案也会随之而变，可见，我们一定要在识别清楚语境之后，才可以进行选择，这样做出的选择才更可能是正确的，要不然，答对的概率就会大大降低，这就说明能不能识别语境，对于语用能力有着直接影响。

在很多情况下，语境都体现出了动态性以及相对性，假如交际的两个人在不同的语境当中，也就是关联点不一样时，双方就很难进行交流，并无法互相理解。中国然在见面时经常会用"吃了吗"去打招呼，这在美国人听来就以为是委婉的邀请自己吃饭；大人在孩子请求时说"一句话。"可能会让孩子摸不着头脑。我们由此可以看出，正如斯珀伯和威尔逊所指出的，关联存在相对性，因而，我们对语境识别的准确性也存在相对的程度问题。交际双方一旦找到了相关点，那么相互之间就容易沟通、容易了解了。

值得一提的是，在实际交际中，某些语境因素并不能被每个参与交际的人识别出来，有些语境因素只被其中一人或若干人所拥有，且在交际进行过程中这样的局面也不是持续性的，随着交际的进行，语境也会发生变化。需要注意的是，只有具备语境识别能力，才可能具备语言表达能力。因此，人们在学习和应用语言的过程中，首先需要明确的是语境识别对接下来语言表达的必要性和关键作用，其次保证说出来的话语与语境相符，最终才能促成交际的顺利完成，即实现在正确的时间、地点和对的人说符合语境的话。

二、情景话语的语境特征

根据前文的分析以及实例可以得出，情景会话录音材料具有很多特殊之处。由于情景会话是临时即兴的，因此很多句子不符合语法规则，并且在说话过程中容易出现停顿，语音声调也会随着说话人的情绪起伏，句子词汇省略现象明显，同时，情景会话录音材料的语感较强，也更加直观。

（一）真实情景会话录音材料中语境的特殊性

经过前文的阐述可知，由于交际过程中各因素的作用，语境具有相对性和动态性。首先，真实情景会话录音材料具有自发性，这种自发性赋予了其语境的动态特征。在实际交谈中，参与者之间谈论的话题基本上是即兴的，交谈前很少进行准备工作，因此语境是动态变化的。此外，语境本身也是需要参与者根据交谈语句进行推理判断，正如帕尔默（Palmer）所说："言语不外乎是一连串粗略的暗示，听话人必须经过一番理解才能掌握说话人想要传达的意思。"这对听力练习者来说无疑又增加了一定的难度。请看下面的例子。

...Mm—they've nearly finished with the food—though she didn't take my glass when she collected my tray. Ah—she has pressed her button again. Probably wants another gin and tonic. Had four already. Or is it five? Not bad, though. At least not in this light. Good—some of them are getting their blankets down now. I reckon that in about half an hour it'll all be quiet. And then... Of course they looked in my briefcase too. Didn't look here, though, did they? Oh, no. Hah! Though they think otherwise, I know very well who those two in the back row are. Notice them when I went to the toiler. But they won't shoot. Not as long as I have this in my hand, they won't. And it's so small. Marvellous what they can do these days...

以上内容是一位劫机者的内心独白，反映的是他在行动前对身边人物和环境的认知和判断。他首先观察到身边的女乘客和服务员的情况，注意到女乘客的用餐马上就要结束后，将目光转向了服务员，之后又返回来观察乘客。随后他转换场景，回想起登机前接受海关检查员核查随身物品的场景，最后又调整思绪将注意力放在了飞机上的两个乘警上，为自己隐藏枪械并顺利带上飞机而窃喜。在此过程中，他内心的紧张感使他的思绪也受到了影响，使其显得非常跳脱，致使话语前后衔接不紧密。听话者需要时刻注意他的内心变化，以及语境的切换，才能理解他这段反映内心活动的话语含义。由以上内容也可以看出，真实情景会话录音材料的话语跳跃性很大，有时甚至找不到逻辑，这便决定了其语境同样具有动态性。

在自然交谈过程中，人的思维并不具备严密的逻辑性，可能会导致破格语境或者隐性语境的现象产生。

在某些情况下，说话者也会打破语境的束缚，以实现某一效果或意图，从而产生破格语境。再以上文中列举的一段对话为例。

The scene is at an airport. A man and a woman carrying several cases approach a customs officer (C.O.).

...

C.O.: Have you got anything to declare?

M: Well...Yes. I would like to declare that I love my wife.

C.O.: (clearing throat) I'm sorry to interrupt, but I must ask you whether you have any goods to declare.

M: Ah, well, I do have a record-player, a fridge and something for my wife's birthday...

...

C.O.: (annoyed) What I want to know, sir, is whether you have any goods in that bag that I should know about.

M: Well, let's have a look. (opens bag) We've got some bars of soap, a tube of toothpaste, clothes, a jar of cream...

C.O.: (angry) I only want to know if you have anything liable for tax, like cigarettes, perfumes or bottles of anything.

M: Well, we do have a bottles of shampoo.

发生以上对话的场所是机场的海关安检处，M 欲将珠宝藏匿在行李箱中直接带上飞机，逃避关税，海关检查员对其进行安检和例行询问时，M 一直在逃避问题，不做出正面回答，并屡次试图岔开话题。在安检人员询问其是否有物品需要报关时，他伪装没有理解"declare"在当前语境下的含义是"报关"，而回答道："I would like to declare that I love my wife."。C.O. 只能再次询问，但 M 执意不领会"declare"的真正含义，而是取出一些无须报关的东西向 C.O. "declare"。

隐性语境是没有直接呈现在交际者面前的更深层次的语言环境，因为并没有明确揭示而是需要交际参与者主观意会，所以具有较强的主观性。隐性语境可分为两个部分，即前一话语结合而产生的暗含语境、与言语交际内容相关联的百科知识及文化背景。在实际的交际过程中，有些语言或非语言环境并没有被直白地表现出来，它可能需要借助之前话语或与目前交际内容相关的某些科普知识和文化背景。前者被认为是暗含语境，后者则属于与交际内容相关的主客观因素。暗含语境多见于幽默话语中，请看下面几段发生在餐馆里的幽默对话。

（1）—Waiter, there's a fly in my soup.
　　　—Shh, don't do too loud. Every one will want one.
（2）—Waiter, there is a fly in my soup.
　　　—Yes, sir. We give extra meat rations on Fridays.
（3）—Waiter, there is a fly in my soup.
　　　—Don't worry, sir. There is no extra charge.

以上三段对话中顾客的话语是同一句话，却对应着三种不同的回答，它们都有一个共同的暗含语境："The fly in your soup is extra especially for you."。只有正确把握其中的暗含语境，才能真正弄清这三段对话中参与者的反应和情绪。

（二）真实情景会话录音材料中的语境分析

1. 语气、语调的解释功能

听力练习者必须能认识到，真实情景会话录音材料中的语境与现实交际场景中的语境是有区别的，真实情景会话录音材料无法提供说话者的表情和手势特征，也不能与说话者进行眼神交流，听力练习者只能以说话者的语气和语调作为判断当下语境的依据，然后再根据语境进一步理解听力材料中会话内容的真实含义。请看下面的例子。

B：I thought you might be here.

A：Ah, hello. How are you?

...

B：Well, what do you think of the party?

A：It's not bad. I'm not really in the mood for a party, though.

B：Why's that?

A：I don't know really. I suppose I'm a bit tired. (...C has approached the table to get a drink , A offers him a drink but accidentally drops it.)

A：Oh, sorry about that.

C：(annoyed) I should think so!

A：Don't worry. It's not too bad.

C：What do you mean? It's gone all over my trousers—I only bought them last week.

A：There's no need to shout.

C：(loudly) I'm not shouting.

A：Yes, you are.

C：(very loudly) No, I'm not!

...

C：Anyway, don't I know you?

...

A：You might do.

...

C：Yes, I remember now. You were going out with that awful girl, weren't you?

A：What do you mean?

C：You know, the one with the big nose. What happened to her?

A：We got married, actually. In fact, that's her over there.

C：Yes....

我们可以根据 A 一开始略微消极的语调判断他本意上可能并不愿意参加此次的聚会，领略到这一点可以让我们能更好地理解下文。

A 无意间将饮料洒在了 C 的衣服上，从他提高音量、加快语速的反应可以看出 C 非常不悦："I should think so!""I'm not shouting!"。随着他大声喊叫着说出了两句话，听话者便能很明显地感受到他的怒火了："What do you mean? It's gone all over my trousers—I only bought them last week."。

　　研究数据表明，当人的情绪波动很大时，语速普遍会提高到平时语速的 2~3 倍，这让理解说话者话语的真实意图变得困难，但如果能了解致使情绪波动背后的原因，对理解说话者的话语意图会有很大帮助。C 一定是因为裤子被洒上饮料而产生情绪波动，心情不悦甚至愤怒，顺着这一思路，听者就能抓住 my trousers，bought last week 等语言点了。

　　在争论过程中，C 可能认出了 A，出于之前的矛盾他想报复 A，故而把自己声音的音量降低，同时减慢语速："Anyway, don't I know you?"。确认自己没有认错人后，C 继续用一种讽刺的口吻与 A 交谈，想让 A 当众难堪，但随后 A 指着一位女士说："We got married, actually. In fact, that's her over there." C 才意识到自己的错误，并对自己的行为羞愧难当。

　　简而言之，对语境的正确理解和把握是听话者掌握真实情景会话录音材料核心内涵的基础和前提，而说话者的语气和语调是听话者判断录音材料语境的首要依据，因此语气、语调是真正听懂真实情景会话录音材料，准确把握材料语境不可忽略的重要因素。

2. 背景声音的揭示功能

　　不可避免地，真实情景会话录音材料中会出现背景音，这些背景音有可能会遮盖话语本身，使语音材料声音模糊，但背景音同时具有一定的提示作用，听者可以从中获取会话发生的场所、时间、地点等信息，从这些信息中判断情景，因此其构成一种重要且特殊的语境。在现实交际中，交际的各参与方对语境会有更深刻的理解和认识，这是交际参与者之外的第三方所无法做到的，因此他们只能通过背景声音（如饭店中的嘈杂声和碗筷碰撞声、火车站和地铁站的播报声）等其他的提示信息来想象和揣摩交际语境，并快速做出判断。

　　但如果背景声音过于嘈杂，会让听者不能清楚地接收到交际中的每一句话语，这种情况下，听者需要将背景声音和交谈声结合起来，找出和提炼核心词或者词组，以便快速理解听到的交际内容。

3. 指示代词的限制功能

　　自然言语中，代词、指示代词的使用频率较高，它们往往对所谈内容或对象起着一定的限制功能。正如之前所举的例子：

Two old men are talking about the days gone by.
—The beer's just like water. They don't make it as strong as they used to.
—No. Things aren't what they used to be, are they?
—The pubs aren't any good nowadays.
—No. But they used to be good when we were young.
—The trouble is that the young people don't work hard.
— No, but they used to work hard when we were young.

以上对话虽然比较短小，却有5处使用了指示代词they，虽然指代的范围比较粗略和宽泛，但是结合其所交谈的内容也可以判断出they所代指的人物或客观事物。

4. 多媒体电化教学的辅助功能

随着教学设备的不断迭代更新，多媒体电化设备已经出现在国内大部分学校的课堂中，从而为学生创造了一种更为生动且直观的英语语言学习环境，对增强学生的英语听力能力有极大的帮助。同时，多媒体电化设备可以为学生提供更加丰富多样的英语学习素材，在提升学生对语言的理解效率和运用能力的同时，可调动学生学习英语的积极性。

语境所涉及的内容非常繁杂，很多主观因素和客观因素也可以作为语境的构成部分，因此语境的外延非常广泛。此外，在社会语言学的研究中，心理因素也是一种潜在的语境因素。在现实交际过程中，各方交际参与者的心理因素都能构成一种语境，同时听话人的心理情况会影响对话语信息的接收。杨仕章教授指出："语言学不再是单纯地为研究语言而研究语言了，它从单独地研究自身的体系，转向与其他学科合作，共同研究包罗万象的言语产品，并由此产生一系列的交叉学科。"因而，交叉学科的研究理所应当成了目前学术研究的主流。

三、话语中的语境构建

语篇必然发生在一定的语境中。语用学认为，语境是交际过程中人们理解和运用语言所依赖的各种表现为话语的上下文，或不表现为话语的主客观因素。会话含义理论由格赖斯（Grice）提出，而语境为该理论提供了研究的基础和依据。格赖斯认为，在实际交谈过程中，人们的话语往往蕴含多层含意，只有借助一定的语境进行推导，才能正确理解会话含意，使交际顺利进行下去。

值得注意的是，情景会话具有相对性、动态性等特殊的语境特征，语境的特殊性并不是仅由一个因素决定的，它是多种因素共同作用的结果，交际参与者必须能时刻关注语境的变化并做出正确的判断，才可以让每个人都能跟上话题的转换速度，确保交际能无障碍地顺利进行。为了探索实际交际过程中语境作用的内在本质及其规律，进而探讨语境的构建过程及其所携带的特征，下面将从语言的属性、交际的本质及情景会话的语体特征进行阐述和分析。

（一）情景会话语境构建因素

莱昂斯（Lyons）将语境的构成因素概括为6种知识层面，即言语交际的每个参与者都必须做到如下事项：

（1）知道自己在整个语言活动中所起的作用和所处的地位。

（2）知道语言活动的时间和空间。

（3）能够辨认语言活动情况的正式程度。

（4）知道该选择合适的交际媒介。

（5）知道如何使自己的话语与语言活动的主题相适应，以及主题对选择方言或语言（在多语社会中）的重要性。

（6）知道如何使自己的语言活动的情景所属的领域和范围相适合。

何兆熊教授将构成语境的各个方面比较详细地总结为图2-1。

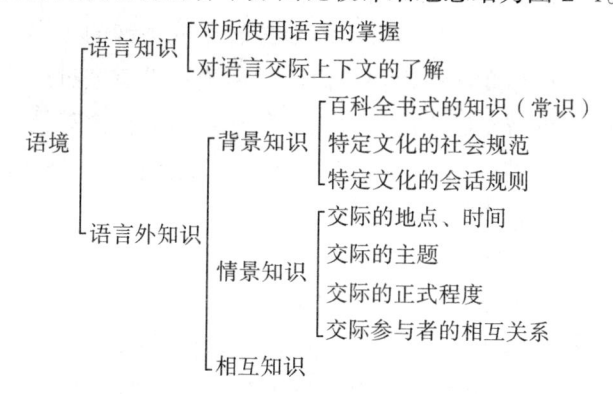

```
         ┌─语言知识─┬─对所使用语言的掌握
         │         └─对语言交际上下文的了解
         │                  ┌─百科全书式的知识（常识）
         │         ┌─背景知识┼─特定文化的社会规范
语境─────┤         │        └─特定文化的会话规则
         │         │        ┌─交际的地点、时间
         └─语言外知识┤        │─交际的主题
                   ├─情景知识┤─交际的正式程度
                   │        └─交际参与者的相互关系
                   └─相互知识
```

图2-1　语境的构成

根据图2-1可知，语境中的语言知识和语言外知识涉及广泛。在形成语境的过程中，我们可以找到具体的参与语境的因素，但是对于言语交际者而言，使用语境因素需要进行系统的、综合的考量，使具体的语境因素相互作用后发生语言反应，形成话语者想要表现的话语形式以及话语意图。此外，情景会话

中的非言语行为也是构建语境的一个非常关键的因素。因此,语境发生作用的过程实际上是一种具体和抽象的、动态与瞬时静态的统一。

语境的研究范围需要扩大,大部分语言学家只是从言语行为和知识层面研究语境,这并不全面,实际交际过程中还存在一种要素——副语言,其也起到了构建语境的作用。副语言(或称类语言)是一种非言语行为,指语言符号以外一切伴随着人、附着于人的符号,包括"在交际的环境中人为的和环境产生的对于传播者或受传者含有潜在信息的所有的刺激",如有声气息、面部符号、身势符号、伴随的物理符号等。非言语符号在情景会话中出现的频率较高,因而表现得尤为突出。

非言语行为在表现话语者个性的同时,能表现出一定的社会和文化特征。例如,点头和手臂交叉,在不同的社会和文化背景下,有人点头表示赞同,有人点头表示反对;有人手臂交叉以示尊重,而有人手臂交叉则表达对对方的嘲讽和藐视等。这些非言语行为丰富了语境的构成,同时在实际交际过程中发挥着不可忽视的作用。

(二)情景会话语境构建

1.语境构建与语体特征的关系

在情景会话中,语境构建与语体特征也存在一定的关系,语体特征是语境构建的影响因素之一,对构建特殊语境发挥着十分关键的作用。在自然交际过程中,人们的思维往往变换得很快,说出的话语也没有经过严密思考,因此会出现话语逻辑模糊不清、话语内容含糊,甚至是语无伦次等情况,加之一些排除机制、预设机制等特殊的语体特征,会让语言产生如动态语境、破格语境、暗含语境、隐形语境等特殊的语境现象。

2.语境构建与关联理论

格赖斯的会话原则无法解释自然交谈过程中思维跳跃、话语内容模糊等因素对话语交际顺利开展的影响机制。随后斯珀伯与威尔逊进行了相关研究,提出关联理论才让此类问题有了答案。由关联理论可知,关联性是一个相对概念,它间接对语境构建的相对性进行了说明。

3.交际过程的本质就是认知语境的动态过程

关联理论还从人的心理视角对语境进行了定义,认为语境是一种人脑对当前交际背景进行的一种预判和假设,因此,语境又可称为认知语境,这种心理假设被称为认知假设。在现实交际中,交际过程如果要顺利开展,受到语境假设各种动态心理过程的影响,如语境假设的选取、扩展、调整等,只有当交际双方的认知语境信息或者假设逐渐趋向一致时，交际各参与方才能轻松理解交际内容，使谈话顺利进行。请看两个例子：

（1）A: Tom, how about the party last night?
　　B: Oh, I didn't attend it.
　　A: Why?
　　B: Because I was very tired and....
（2）A: Tom, how about the party last night?
　　B: Very nice.
　　A: How many people attended it?
　　B: Oh, about....

从例（1）可以观察到，A一开始说话时，其假设为Tom went to the party。但A与B进行交谈后，B的回答让A意识到当前的语境假设是错误的，并进行了及时纠正，B的回答为A构建新的语境提供了依据，让自己的第二次提问与交谈内容产生了联系。

例（2）的情况与例（1）相反，A的语境假设经过B的证实是正确的，因此接下来A不必改变语境，而是顺应当前语境继续与B进行交谈即可。这两个例子尽管语境认知的过程不同，但都达到了成功交际的目的，可分别表示如下：

（1）A：询问—语境假设
　　B：新的信息—推翻语境假设
　　A：再询问—改变认知语境
　　B：交际继续
（2）A：询问—语境假设
　　B：肯定回答—证实语境假设
　　A：再询问—顺应语境
　　B：交际继续

以上内容便能说明在交际过程中，认知语境的信息具有动态性。听话人在捕捉和判断语境的过程中，会对心理假设进行不断地选择和重新构建，在此过程中，语境信息也不是提前设置好的，听话人从此过程中获取的语境信息也是不断变化的，因此认知语境的构建过程具有动态性。

此外，人们在听的过程中需要不断调整和转换自己的思维，人的思维方式、过程以及动态本质使情景会话的认知语境具有动态性特征，对构建动态认知语境起到了非常关键的作用。

4.话语者的身份及其构建是话语语境最为重要的构建因素之一

在现实交际过程中，话语者拥有不同的身份属性和标准，在大部分情况下，不同身份的话语者在交际过程中扮演的角色不同，并且这种角色不是固定的，在场景和交际对象改变时，其所扮演的角色也会发生变化，话语者的身份构建和角色转换与话语语境之间是相互影响的，话语者的身份构建和角色转换需要结合当时话语语境的变化，同时对新的话语语境起到生产、影响和制约的作用，因此两者之间是相互影响、相互制约的关系。

5.语境构建与合作原则

格赖斯认为，话语的生成和理解之间存在着一种使话语连贯进行下去的默契，这种默契即为"合作原则"，语境、合作原则及会话含意构成了对立统一体，使交际正常进行。在交际过程中，人们在一定的语境下会自觉或不自觉地运用着各种交际原则，但又在有意或无意地违反着交际原则。

格赖斯还指出，说话者故意违反合作原则的准则一般是出于两种目的：一是想终止交际；二是想传递一些符合合作原则的信息，并且说话人相信听话人能够利用相关语境推导出相关信息。

对于语境与人们遵守合作原则程度之间的关系，有学者这样描述：语境越正式，交际双方关系就越疏远，话语意图越严肃（十分明白，纯粹是交流信息），话语就越遵守合作原则，否则话语就有可能不遵守合作原则。而情景会话中的语境大多数情况下属于非正式语境，且具有明显的主观性，这为话题的多变性和跳跃性提供了前提，因而构建了情景会话相对动态的语境。

6.委婉语、俚语等特殊的语言现象决定了语境构建的复杂性

委婉语、俚语等也是现实交际过程中经常遇到的语言现象，这些语言具有很强的模糊性，且其指代的内容可能具有更加广泛的含义，在很大程度上受文化和地域因素的影响。同时，这些特殊的语言现象在内容的表述上还具有一定的间接性和含蓄性。如果发生在跨文化交际中，人们还可以从这些语言中感受到浓厚的民族特色。在这种情况下，为了确保交谈能顺利进行，听话者必须调动自己了解和掌握的所有知识，寻找与这些语言现象相关的关联点，进而才

能理解说话者的真实意图。这说明当人们面对自己不熟悉甚至完全陌生的语言或者语言代码时，需要结合语境进行话语解读，这种语境并不能直接从说话者话语中直接发现，而是由多种因素综合作用生成的，包括交际参与者的生活方式、文化背景、风土人情等言语和非言语的语境因素。值得一提的是，这种进行综合作用的过程并不是各种因素的简单堆砌，而是一个非常精密且复杂的动态过程，可能会同时对不同因素进行取舍、增减、筛选等。

通以上分析可知，语境构建过程可能是一种或多种要素共同参与的结果，拥有动态性特征，因此构建过程非常复杂。同时，语体特征会对语境产生影响，情景会话的语体特征较为特殊，也因此赋予了其语境的特殊性。为了能快速且正确地认识到情景会话内容的核心，我们需要对语境的构建过程和特点进行多种层次和角度的分析。

第三节　话语文化学理论与实践分析

一、海姆斯的话语文化学

话语文化学（the ethnography of speaking）这个术语是海姆斯（Dell Hymes）在20世纪60年代首先使用的。该学科主要考察语言在交际行为中的作用。海姆斯是一位著名的美国人类学家和语言学家，他对于人类学家很少描述他们所研究群体的言语行为深感不满；同时，他也注意到语言学家关注语言结构的细节，但很少注意决定言语使用的社会因素。因此，海姆斯希望人类学家和语言学家联合起来共同考察作为语言的基本体现和文化组织中的重要因素的言语行为。

这里要说一下 ethnography 这个术语的译名。我们来看一下近年出版的几部重要的英语词典对这个词语的释义。

① *Webster's Ninth New Collegiate Dictionary*：人类文化的系统记录。

② *Webster's New World Dictionary of American English*（Third College Edition）：描述特定文化，尤其是那些无文字民族或群体的文化的人类学分支。

③ *Random House Webster's College Dictionary*：论述各个文化的科学描写的人类学分支。

还有一些其他新近出版的词典也给出了类似的释义。从上述释义可以看出，ethnography 这个术语有两层含义：①对于人类文化的描述与分析；②属于人类学的一个分支。因此，我们把"the ethnography of speaking"称作"话语文化学"是适宜的。海姆斯还用过"the ethnography of communication"这个术语，相应地可称作"交际文化学"。

海姆斯提出的话语文化学对语言使用研究作出了重大贡献。他提出的分析和描述言语社区的话语模式的范畴为话语分析提供了一种基本理论框架。他制定的话语文化学的语言分析途径和提出的一系列概念与术语已被许多社会语言学家尤其是话语分析家所接受。本节将先概述话语文化学的几个基本概念，然后讨论根据话语文化学的理论框架对若干言语行为的话语规则的研究。

二、话语文化学的基本概念

（一）言语社区

海姆斯十分强调这样一个基本观点：在不同的文化里，说话的方式（ways of speaking）有很大的差异。换一句话说，不同的文化具有不同的话语规则（rules of speaking）。例如，在美国白人中产阶级以及其他西方社会里，谈话遵循一条"无间隙，无重叠"（no gap、no overlap）的规则。简单地说，就是在一个时间里只有一个人说话。拉丁美洲安提瓜岛上的安提瓜人认为，在交谈中，在同一时间里不止一人说话是很通常的事。在瑞典北部的一个叫作拉普（Lapp）的社区里，谈话间隙是人们的说话方式的特点。"无间隙，无重叠"是一般西方社会的话语规则；安提瓜人的话语规则就不包括"无重叠"这一条；对拉普人来说，则没有"无间隙"这样一条话语规则。因此，言语社区（speech community）这个概念就成了话语文化学研究不同文化中的不同话语规则的基本概念。

"社区"是社会学中的概念，指聚集在一个大小不一的地域里、在生活上相互关联、具有一定社会关系的人群。社会普遍存在的许多现象都可以在某个社区内反映出来。因此，社区就成为社会学的一个重要研究对象。话语文化学者引进了社会学的"社区"这个概念，发展为"言语社区"这个新概念。因此，我们可以认为言语社区就是话语文化学的研究对象。

对于究竟什么是言语社区这个问题，在语言学界长期存在不同的意见。现在我们来简略地考察一下已经提出的关于言语社区的一些定义。

莱昂斯对言语社区的界定是最简单的：言语社区即使用某种特定语言（或方言）的所有的人。

要想按照莱昂斯的这个定义来划分言语社区，其前提条件是能够确定某种特定的语言或方言。根据这个定义，不同的言语社区可以重叠，即存在使用双语的言语社区成员。

霍凯特（Hockett）提出了一条较为复杂的定义：每一种语言界定一个言语社区，这一整个人群直接或间接地通过共同的语言进行交际。

这个定义增加了在社区内进行交际这一条标准。因此，如果两个社区使用同一种语言，但彼此之间并不接触，那么这两个社区就应看成是两个言语社区。

布龙菲尔德（Bloomfield）提出的定义则从强调使用共同的语言完全转到强调交际，他认为，言语社区是通过言语进行交往的一群人。这个定义允许一个言语社区的人们使用不同的语言进行交际。

甘柏兹（Gumperz）提出的定义里就承认一个言语社区的人们可以使用不同的语言进行交际，他认为，我们将把（言语社区）界定为一种社会群体，这个群体可以是单语的，也可以是多语的；它因社会相互作用模式的频繁性而聚集在一起，并因交际的微弱而与毗邻区域分开。

后来，甘柏兹又提出一个定义，增加了一个条件，即各言语社区的成员与该言语社区以外的人之间应该有一些特定的语言差异，他认为，言语社区是凭借一套共有的言语符号有规律地、频繁地交往，并依靠语言使用上的重大差异而区别于其他类似集体的人群。这个定义也是强调交际，也不要求一个言语社区只使用一种语言。

拉波夫（Labov）从另外一个角度来界定言语社区，他强调对语言的态度而不是强调共同的言语行为，他认为，语言成分的使用是否明显一致并不能作为言语社区的界定，而要根据是否参与或遵守一套共同的规范来判断，这种规范可以从两方面观察到：一是各种类型的公开评价性行为；二是变异的抽象模式的一致性，这些变异的抽象模式在特定用法层面是固定不变的。

海姆斯为言语社区提出了一个很简单的定义：言语社区是一个具有共同语言行为和解释规则，且至少是一种语言变体的解释规则的社区。

海姆斯的这个定义包含了两个条件：一个言语社区的所有成员不仅共同具有相同的话语规则，还至少共同具有一种语言变体。他认为，这两个条件都是必需的。例如，在捷克和奥地利两国的边界接壤地区的一个捷克村庄和一个奥地利村庄，村民们具有某种共同的话语规则（如见面时怎样打招呼），但奥地利村民只讲德语，而捷克村民只讲捷克语。根据海姆斯的定义，这两个村庄应是两个不同的言语社区。

从上述讨论可以看出，对言语社区这个概念加以科学界定并不是一件容易的事情。不过，一般来说，语言学家们都同意言语社区不等同于说同一种语言的一个人群。许多人都认为，一个言语社区至少必须具有共同的话语规则。上面介绍的某些定义也都包含有这个意思。因此，根据海姆斯的话语文化学的理论框架，研究话语的语言学家都接受海姆斯对言语社区这个概念所下的定义。当然，这并不表明分歧完全消失了。如果我们接受海姆斯的定义，一个明显的问题是话语的规则差别到什么程度就构成了不同的言语社区，这个问题以及其他一些问题都还是要继续探讨的问题。此外，近来许多语言学家对下述这种现象取得了共识：尤其是在较为复杂的社会里，一个人可以同时属于不同的言语社区，即是重叠（overlapping）言语社区的成员。例如，一个大学生可以同时是某个学生宿舍的居民、某个大学的学生、一个黑人、一个美国人等。这些不同的言语社区都至少有某些不同的话语规则。在某个特定时间里，这个大学生使用哪个言语社区的话语规则是他所掌握的交际策略的一部分。要理解这类现象，我们就必须承认人们可以而且通常同时是若干言语社区的成员，人们要经常变换其言语行为规范以符合特定的言语社区的需要。

（二）交际能力

海姆斯于1966年在一次讨论"不利条件下儿童的语言发展"的会议上发表了一篇论文，提出了"交际能力"的理论。这个理论的提出在语言学界引起了热烈的反响和持续不断的讨论。"交际能力"不仅是话语文化学的重要概念，还是应用语言学领域中交际教学法的核心思想。由此可见，话语文化学同应用语言学有着极为密切的关系。

什么是"交际能力"呢？交际能力容易与语言能力相混淆，语言能力更加注重句子语法的正确使用，而交际能力则是指说话人对语法的选择能力，拥有较高交际能力的人能够从所有的语法表达式中选择某些形式，使其所使用的语言不仅语法方面正确，还从社会规范的角度来说也是得体的。简而言之，交际能力指说话人使用其语言资源的能力，即说话人将话语说得正确且得体的能力，与交际能力是两个不同的概念。按照海姆斯的概括，交际能力理论是在解释正常的儿童掌握句子知识时，不仅要考虑其是否合乎语法，还要考虑其是否得体。他所掌握的语言能力包括什么时候说话，什么时候不说话，跟谁说什么，什么时候说，在什么地方说，用什么方式说等。总之，要使一个儿童逐渐学会完成各种言语行为，参与言语事件，并对别人的言语行为做出评价。而且，这一能力是和对待语言、语言特点和用法的态度、价值观念、动机分不开的，也是和对待语言与其他交际行为代码的相互关系的能力与态度分不开的。

海姆斯指出，他提出的这个关于语言能力的广泛理论的目的在于说明怎样把可能的、可行的和得体的行为连接起来，产生并解释实际发生的文化行为。

海姆斯在1966年的论文里只是从理论的角度概述了他的交际能力理论。在以后的讨论与研究中，这个概念虽然为许多语言学家所接受，但也出现了对它的曲解，主要的一个曲解是把语法能力与交际能力对立了起来。其实，海姆斯在他的文章里已明确说过，语言运用能力和语法能力都是同一发展模式的一部分。"交际能力"这个概念的内涵就成了人们研究的一个重要课题。

针对上述误解，卡纳莱（Canale）和斯温（Swain0）提出，正如海姆斯所说的，如果没有语言使用的规则，语法规则将没有用处，他们认为若没有语法规则，语言使用的规则也将没有用处。

卡纳莱和斯温是研究应用语言学的，他们的理论框架是为第二语言教学而设计的。缪里尔·萨维尔·特鲁伊克（Muriel Saville Troike）是研究交际文化学的，她认为，交际能力与说话人所掌握的使其能够运用和解释语言形式的社会和文化知识有关。她把这种为了得体地进行交际说话人必须掌握的共有知识概述为三个方面，即语言知识、交往能力和文化知识。

（三）言语功能

人们对于言语的社会功能，即语言使用的目的和表达不同功能的各种语言形式，已做了大量的研究。语言哲学家奥斯汀和塞尔、语言学家韩礼德（Halliday）、社会语言学家海姆斯、谈话分析家萨克斯（Sacks）等都对这一研究作出了重要贡献。他们使用的术语不尽相同，有些术语是相互重叠的，也有些术语在概括或抽象的程度上不一致，这是我们在阅读有关言语功能的文献时应该注意的。

奥斯汀从不同的抽象层次上提出可能有成千种"以言施事行为"表达不同的言语功能。塞尔则将各种言语行为归纳为五大类：评价行为类、施权行为类、承诺行为类、论理行为类、表态行为类。。

尽管人们使用的术语很不一致，划分的类别有多有少，但在下述这一方面是一致的，即可区分宏观层次（macro-level）的言语功能和微观层次（micro-level）的言语行为（speech acts），两者构成层级关系。上述塞尔的五大类别就可看作是五类宏观层次的言语功能；而奥斯汀所说的成千种的英语动词所表示的言语行为则可看成是微观层次的。举个简单的例子："指令"（directive）可看作是宏观层次的一种言语功能；而"请求""命令"和"建议"都属于"指令"范畴，它们是微观层次的言语行为。

综上所述，语言哲学家同话语文化学家在对待言语功能的研究上是有差异的。语言哲学家着重于形式，言语行为几乎总是等同于句子；话语文化学家则认为功能可能与句子重合，不过更通常的是一个句子可能同时具有多种功能。语言哲学家基本上不关注寒暄用语（phatic uses of language），而话语文化学家则十分重视对语言寒暄功能的研究。

在研究语言功能时，我们应该区别说话人的功能意向和它对听话人所产生的实际效果。这一区别类似于在言语行为理论里的"以言施事行为"与"以言取效行为"的区别。这种区别对于交际事件的描述与分析是很重要的。

许多言语功能是具有普遍性的，但这些功能在特定社会里的实现方式则以特定语言为转移。例如，在一种语言中，地位可以用不同的代词进行区分，而在另一种语言中，则可以用谈话时双方之间的距离或姿态来进行区分；在双语者之间，可以通过各自选择的语言来表示各自的地位。

（四）情境、事件和行为

海姆斯提出，言语情境（speech situation）、言语事件（speech event）和言语行为（speech act）是交际分析的单位。

言语情境是交际发生的环境。在一个社区里，很容易发现许多同言语相联系的情境，如社交聚会、审讯、一堂课、打猎、进餐、争斗等。情境不因地点的改变而发生变化。例如，争斗既可发生在某个地方，也可发生在火车上或公共汽车上；同一个地点但在不同的时间里进行的活动不一样，那么情境也可能起变化，如举行聚会的地方改作为住宅，地点未变但情境却改变了。

一个事件可以由一个或多个言语行为组成，其中言语事件指直接受言语使用规则支配的活动，是描述和分析的基本单位。例如，一次同学聚餐是一个言语情境，在聚餐过程中同学间对学校往事的叙旧是一个言语事件，在叙旧中讲到了一件趣事则是一个言语行为。同类型的言语事件可以在不同类型的言语事件和言语情境中反复发生。例如，一个笑话是一个言语行为，它既可出现在私下谈话里，也可发生在演讲等情境里；一席私下的谈话既可发生在社交聚会情境里，也可发生在其他的情境里。言语事件可能是非连续性的。例如，A 与 B 在 A 办公室里的谈话可能被电话铃声打断，A 去接电话，也就是去参与另一个言语事件；B 并不参与这一新的言语事件，他并不听电话谈话或至少是假装不听电话谈话，可以认为 B 这时是被排除在打电话这一情境之外的，尽管实际上他在场；A 打完电话后又会毫无困难地与 B 继续交谈。

话语文化学就是研究什么构成一个言语事件，一个言语社区里有多少种言语事件，并且为言语事件和言语行为的发生制定规则。

言语行为是进行分析的最小单位，指一个不同于句子的层次，不等同于语法的任何层次。一个语段具有命令的性质可能取决于规约的语言形式、语调以及谈话双方的社会关系。言语行为这个层次既涉及语言形式，又涉及社会规范，是居于通常的语法层次与言语事件和言语情境的中间层次。

综上所述，语言行为和言语事件发生在一般的言语情境之中，在言语行为和言语事件两者并不在同一级别的单位中，言语事件单位较大，言语行为单位较小，但两者都受到使用规则的支配。言语情境本身并不受到规则的支配，它只是为言语行为提供环境。

这就是海姆斯提出的话语文化学的研究范式。为给话语文化学提供一种全面的分析框架，海姆斯更进一步提出言语（言语事件或言语行为）具有 16 个组成成分或因素。话语规则将采取对这些因素之间关系的陈述的形式。因此，对这些因素的描述与分析是十分重要的。为便于记忆，海姆斯将这 16 个因素归并成为一个首字母缩略词 SPEAKING，即八类，现简述如下：

（1）背景（setting），指言语行为发生的时间、地点，亦即实际环境。

（2）场合（scene），指言语行为的抽象的心理背景或从文化上对场合的界定。

（1）和（2）结合起来构成"行为情境"（act situation），用字母 S 表示，为第一类。

（3）说话人或发送人（speaker or sender）。

（4）发信息人（addressor）。

（5）听话人或接收人或听众（hearer, receiver, audience）。

（6）收信息人（addressee）。

（3）～（6）合起来可称作"参与者"（participants），用字母 P 表示，为第二类。

（7）目的或结果（purposes or outcomes）。

（8）目标（goals）。

（7）和（8）这两个成分可归并为"目的"（ends），亦即说话者想要表达什么及实际上表达的程度如何，用字母 E 表示，为第三类。

（9）信息形式（message form）。这一因素对一切话语规则都是非常重要的，因为它涉及描述事情是怎么样说出来的。说出事情的方式是说了什么的一部分。因此，不先考察形式本身就不可能对言语做出分析。

（10）信息内容（message content），指话题或说的是什么。很明显，信息内容与信息形式是相互依赖的，两者对言语行为或言语事件的分析都是关键性的。

（9）和（10）都同说了什么和说出的顺序相关，两者可以归并为"行为序列"（act sequence），用字母 A 表示，为第四类。

（11）风格（keys），指言语行为完成的语气（tone）、方式（manner）及精神（spirit），如严肃的、漫不经心的、开玩笑的、讽刺的等，用字母 K 表示，为第五类。

（12）渠道（channels），指交际手段是口头的或是书面的。说得更详细一点，谈话可以是面对面进行的，也可以是通过电话进行的。书面文字可以是手写的，也可以是打字机打的；可以是一份备忘录，也可以是一封正式的信件；等等。

（13）言语形式（forms of speech），指可能使用的语言或代码、变体以及语域等。

（12）和（13）都是交际的手段，因此可以归并为"工具"（instrumentalities），用字母 I 表示，为第六类。

（14）交往的规范（norms of interaction），指不同社会里属于各种不同话语的特定行为。例如，对于怎样同陌生人交谈，各种不同的社会都会有特定的规范。这类规范同对谈话参与者可以说什么或写什么的规则或制约有关，因而涉及社会结构和社会关系的分析。

（15）解释的规范（norms of interpretation），指言语被一定社群的成员理解的方式，因而涉及一个社区的信念系统（belief system）。解释规范的不同经常导致跨文化交际的故障。

（14）和（15）可归并为"规范"（norms），以字母 N 表示，为第七类。

（16）体裁（genres），指交际的类别，如诗歌、谚语、祈祷、咒语、笑话、神话、广告、讲演、社论、谜语等。"体裁"可用字母 G 表示，为第八类。

在分析一个社区的言语的得体使用时，可以根据上述各成分之间的关系归纳出话语规则。上述每一个成分都可以作为研究话语规则的出发点，但并不是每一条话语规则都同这 16 个成分有关。SPEAKING 这个首字母缩略词只是为研究一个言语社区的言语事件和言语行为以及制定话语规则提供了一个理论框架。

第三章 英语话语语用策略研究

第一节 反语在人际交往中的功能及作用

一、反语的概念及起源

反语就是话语者使用与其本意完全相反的词,来表示其对交谈者的反对,这种反对通常带有一定的嘲讽意味。在汉语和英语中都存在这种修辞格,在英语中,"irony"代表反语的意思,发源于希腊语中的"eironeia",意思是"伪装",随后又出现了拉丁语"ironia",最后才出现在英语中。18世纪之前,此词的含义一直是"代替字面意思的一种比喻",随后反语的使用才开始普及,代表的含义也逐渐趋近于现在,在文学作品和日常对话中经常能够发现这种表达。

汉语中的反语只是一种纯粹的修辞格,并无其他用法,英语中的反语则不然。在英语中,反语的使用特征非常多样,因此无法对其进行明确的定义,更无法将其概述出来。目前,国内外学者通常用描述的方法对其特征进行定义。

二、英语反语的功能和作用

(一)运用反语可以使语言幽默风趣

在现实交谈或文学作品中使用反语可以让语言更加生动幽默。日常对话中的反语是通过语气的变化来体现的,一般的形式是将某个词的语气加重。例如,一对夫妻约好明天一起去逛森林公园,但第二天却下雨了,妻子见状便说道:"It is rainning! We couldn't go out!",此时丈夫接到:"Very good, truly it's fine!"。丈夫在这里想表达的意思一定不是赞美和喜悦,他想表达的意思实际是"It's a bad weather!"(天气实在糟糕透了!),使用反语缓解两人失望的心情。同样,当人们说"You wish..."时,如果重音是在"wish"上,他想表达的不是"我希望……",而是"你死心吧,别指望了"。再如,"She is as slender in the middle as a cow in the waist.",这个句子的表面意思是"她的腰像牛腰一样纤细",但实际情况是,一头牛的腰一定不会是纤细的,说话人使用"slender"(纤细的)的本意是在幽默婉转地表述"she"身材非常胖,她的腰粗得像牛的腰。

(二)运用反语可以增加讽刺意味

英语反语还可以表达讽刺,且程度较大。我们可以看这样一句话:"Green is very knowledgeable, because he even know Shakespeare.",单从句子的前半句来看,是在形容"Green"学识渊博,知道的东西非常多,但从后半句"因为Green知道莎士比亚",可知说话者其实是在讽刺"Green",说他胸无文墨,因为任何一个受过教育的人都知道,莎士比亚是英国最著名的戏剧家,他的作品被全世界所赞誉。说话者在这里使用了反语,表达的是与字面相反的意思。

还有这样一个例子:"Most of the abolitionists belong to nations that spend half their annual income on weapons of war and that honor research to perfect means of killing.",意思大致如下:"建议废除死刑的人大多数是那些用一半收入来研制战争武器,并且尽力完成杀人方式的民族。"那些主张废除死刑的人表面看起来是和蔼善良的,但他们背地里的主张却是不惜使用国家税收的一半来研制战争武器,让他们能在战争中造成更大的伤亡人数。从后文可以看出,这些人其实都是言行不一的伪君子,句子使用这种反语的修辞手法,大大增强了对这些人的讽刺意味。

英国文学作品 *August Does His Bit*(《奥古斯尽了他的本分》)同样使用了反语。该文讲述了战争期间,主人公奥古斯在政府担任要职,他将自己包装成一个尽职尽责且为了国家甘愿牺牲自我的正面人物。但是,当有美丽的女士拜访时,他马上安排接见,同时还不忘给自己辩解:"国家危在旦夕,此时不宜接见。"奥古斯言语和行为的巨大差异让读者可以非常清楚地认识到主人公的虚伪和丑态,讽刺效果非常明显且强烈。

上面列举的几个例子可以清晰直观地表达出反语的幽默和讽刺的效果,将反语应用到日常交流和文学作品中去,可以起到增强情感表达和艺术色彩的作用。

（三）运用反语，有助于人们加深认识，增加理解

有这样一句话："If people keep telling you to quit smoking cigarettes, don't listen... they are probably trying to trick you into living."（当有人劝你戒烟时，一定不要理睬他，因为他是想骗你活得更久一些。）这句话同样使用了反语，前半句"If people keep telling you to quit smoking cigarettes, don't listen..."好像是让人们不要戒烟，当人们在不了解香烟的危害的情况下听或读到这句话时，可能会认为是在劝导大家抽烟，但现实情况是长期抽烟会严重影响甚至是伤害人们的身体健康，后半句"they are probably trying to trick you into living"才是本句的核心，本意是告诉大家抽烟其实是把自己推向了死亡的悬崖。这是美国防癌协会发布的一条公益广告，告诫吸烟者尽快戒烟，同时劝导还没有吸烟的人不要吸烟。广告使用反语的手法，让人们深刻理解到吸烟对身体的危害，从而产生或增加对吸烟的恐惧，让吸烟者主动放弃吸烟。

还有这样一句话："Nobody is perfect.（The Lean Machine）"，这是一家健身器公司发布的一条广告语。乍看这句话，人们可能不会理解其含义，但结合这句话的语境就能明白这句话想要表达的意思：因为这个世界上没有完美的人，想要变得完美，就得使用 The Lean Machine 健身器，来帮助你达到完美的状态。这句广告语同样使用了反语的修辞手法，抓住当下人们普遍身材焦虑的现象，让人们产生"使用 The Lean Machine 健身器来让身材变得完美"的认知，从而获得良好的广告效应。

反语在英文中的应用不止上述三种情况，其运用方法和效果还有很多，不同的语言学家从不同的研究视角进行分析，往往可以得到不同反语的语言特征和功能，但从总体来说，英语中反语所发挥的效果，以及使用反语的目的，都是为了增强语言的表现力和文学作品的生命力，使语言更加生动活泼，让文学作品的文学色彩更加浓厚。

三、英语反语在人际交往活动中的使用注意事项

恰当地使用反语可以让语言和文学作品更加生动有趣，人们在认识到了英语中反语的使用功能和效果后，英语反语在日常交流和文学创作中的应用越来越广泛。在英语反语的使用过程中，有以下三点需要注意：

（1）注意人际交流对象的状态。在使用英语的国家中，人们具有很好的亲和力，人际交往也非常随和，对语言有比较大的包容性，但在使用反语时，也要注意场合和交际对象的情绪，如果场合不对或交际人物心情低落，使用反语

进行调侃很可能会加剧事态的严重性，不利于交际的顺利进行。因此，在英语中使用反语时，需要先观察交谈发生时的环境，对交际对象的状态进行预判，再决定是否使用反语。

（2）注意英语反语使用的分寸。在使用英语反语与人沟通时，需要对使用程度和频次进行把控，如果在进行英语交际的过程中，说话者以交流对象敏感或介意的事件作为使用反语的素材，会让交流对象感到难为情甚至是愤怒。这种情况是需要避免的，应尽量使用一些普遍能被大众接受的词汇。

（3）注意使用英语反语时说话的语气和声调。在英语中，反语除了可以通过带有反语色彩的词汇来确认外，还可以通过说话者的语气和语调来识别。在实际交际过程中，可以通过改变语气和声调来改变话语本身的含义，达到反语的使用效果。但需要注意的是，需要时刻注意增强或减弱语气和语调的程度是否正确或恰当，如果使用错误或者不恰当，则会让句子的意思发生改变，从而影响交流效果。

人际交流中的语言学问很深，目前的研究方向和研究角度非常多样化，尽管研究结果存在一定的差异，但整体所取得的成就也是非常令人瞩目的。英语反语在日常交流和文学作品中强大的表现力是语言学家们所公认的，恰当地使用英语反语可以让语言更加生动幽默，在人际交流和文学创作过程中发挥着十分重要的作用。

第二节 多元视角下的刻意曲解分析

刻意曲解作为一种常见的语言现象，是第二说话人（听者）对第一说话人（说话者）所说的内容完全理解的情况下，对其内容和意思进行故意的曲解，从而达到自己的说话目的。与之相近的误解则是在双方交流过程中，第二说话人对第一说话人所表达的意思没有完全地理解，受制于第二说话人的理解和认知。二者最大的不同在于第二说话人是否完全理解了第一说话人的目的，并是否对其进行曲解和事实的歪曲。

因此，刻意曲解是第二说话人完成自己目的的活动，是建立在沟通交流的双方有相同的教育背景、认知能力、理解能力基础之上的。

一、面子理论和礼貌原则的基本观点

在语用学领域中，礼貌作为社会行为受到了人们的广泛关注。在多个礼貌行为研究的理论中，面子理论是最具代表性的一个，该理论是由布朗（Brown）和莱文森（Levinson）提出的。

礼貌的表现意识是人们需要维护自己的面子以及公众形象。他们把"面子"定义为"每一个社会成员意欲为自己挣得的一种在公众中的个人形象"，面子不是一直都有的，需要不断投入精力来维护，使其慢慢增强，这属于感情上的一种投资。另外为，面子还有积极与消极之分，当然，这里说的消极的面子并不指的是"坏"的面子，而是和积极的面子相对应的一种，人们都喜欢得到他人的称赞、认可与喜欢，因此，礼貌也是为了维护他人积极的面子。

此外，利奇还将言外行为和与之相关的礼貌原则联系在了一起，他在《语用学原理》中把会话原理和两种修辞进行了联系，也就是人际修辞及文本修辞。礼貌原则就属于前者的范畴，据作者的叙述可知，这源于格赖斯的合作原则。因为在人际交往中，合作原则的困境无法被合作原则解决。利奇围绕着自我和他人间的关系这一中心，提出了六大礼貌原则。

二、语境视角下的刻意曲解

刻意曲解可以从英语沟通中的引发机制、运作机制效果等方面来分析。就运作机制来讲，可以从语境、情境、社会文化语境、心理语境四个角度对其进行分析研究。这一角度分析研究了英语交流中刻意曲解的特征，进一步加强了对英语的理解，这将大大促进跨语言交流，也可为其他语言的研究奠定基础。

三、刻意曲解的语用动机

人类的行为受意识支配，意识指导行为同时也受行为影响，人们在沟通交流之前通常会有交谈的动机。比如，为了表示谦虚，为了缓解尴尬的气氛，为了避免发生争吵等。由此可见，对语用动机的研究十分有必要，特定的沟通目的使沟通的方式方法显得尤为重要。刻意曲解作为实现语用动机的行为手段，在日常生活中尤为常见。

（一）为了挽救面子而刻意曲解

布朗和莱文森认为，作为生活在社会中的一员，必须要意识到保持面子的重要性，积极的面子就是希望得到他人的肯定，而消极的面子则是指人们想要获得行动上的自由,不想被他人约束。这是人类的两个要求:需要被人喜欢和成为一个团体的成员,并且需要独立且受到尊重。礼貌的目的则是避免与他人沟通时发生冲突并保持良好的关系;同时,人们在交流中所表现出的许多行为是威胁面子的行为,如要求、恭维、命令、批评等言语行为,这时我们可以使用一些语言减少威胁面子的行为来保护面子。

看下面这个例子:

The diner: Waiter, I sit here for almost half an hour, it seems that I will starve all the night.

The waiter: But we close at 10 o'clock.

在这个例句中,餐厅的客人因长时间没有上餐而有些抱怨,但是餐厅的客人并没有因此而直接表达自己的不满意,而是通过间接地表达对服务生说"已经半小时了,我是否必须整夜坐在这里挨饿?"服务生虽然感受到了就餐者的抱怨,但是并没有因为面子受损而直接表达自己的意思,而是通过刻意曲解的方式,说"我们在十点就关门了",意思是您并不会整夜坐在这里,用幽默的方式避免了争吵,同时间接地表达出了会尽快上餐的意思。

(二)为了避免尴尬而刻意曲解

布朗和莱文森的研究理论指出,在日常的沟通交流中,人们通常会有丢面子或者受到了屈辱的感觉,即"face-threatening acts",这个时候通常需要使用一定的手段来挽救。比如,当我们需要给难以沟通的另一方做出回应的时候,刻意曲解就会成为一种行之有效的方式来避免此刻的尴尬。请看下文中所给出的例子:

A: You don't have eyes, do you?

B: Don't you see I hit your car?

从上述语境中了解到这是两辆车相撞之后发生的一段对话,司机 A 怒气冲冲地表示"你没长眼睛啊?",很显然让司机 B 知道司机 A 此刻很愤怒,但是自己又很没面子,虽然司机 A 想表达的是让司机 B 开车的时候小心仔细一些,但是司机 B 用了很巧妙的方式,既化解了司机 A 的怒气,又挽救了自己的面子,他利用司机 A 所说话的字面意思,说"我当然长眼睛了,否则怎么会把你的车给撞了",以一种幽默的方式化解了这次对话危机。

再看下一个例子：

A: Can I know your birthday?
B: July10th.
A: In 1985?
B: No, every year.

在男孩和女孩的交流中可以看出，男孩是想知道女孩的年龄，但是实际上女孩是不想告知对方年龄的，采取了刻意曲解的策略，既委婉地告知了对方自己的意思，又化解了尴尬。

（三）为了表达礼貌的行为而刻意曲解

礼貌原则，即在其他条件相同的情况下，使不礼貌的表达最小化、礼貌的表达最大化。礼貌原则研究的主要内容是自我与他人的关系，利奇以自我和他人的关系为中心，提出了礼貌原则的六个准则。在分析刻意曲解时，可以通过违反礼貌准则来进行解释，其中的认可原则、谦虚原则和同意原则对刻意曲解具有很大的解释作用。如下所示：

A 和 B 在吃饭。甜品盘上有两个蛋糕，一个大些，一个小点。
A: Being at home.
B: Thanks. (He chooses the bigger cake and eat it.)
A: You know what? If I choose, I would pick the smaller cake.
B: Well, you've got it now.

在双方的沟通交流中使用认可原则时，我们要尽最大的可能去肯定和赞美对方。在上述对话中，A 在明知 B 选择了一个较大蛋糕的同时，说"如果我选择，我就会选择一个较小的蛋糕"，这是对 B 的不礼貌行为和自私的嘲讽，但是 B 采用认可原则，刻意曲解为这是 A 的一个愿望，并说"你现在得到它了"，回敬了 A 的嘲讽，并减少了 A 的不满。

在同意原则中，刻意曲解也会被使用到。在下面的例子中展示了同意原则中刻意曲解的使用：

The lady: This is the fairness.

The waiter: This is the piano piece of Richard Clayderman.

上述对话的发生地是在剧院，身份高贵的贵族女士因身边坐着平民男士而对服务生抱怨"这是社会公平"，而她实际的意思是对旁边坐着的平民表示不满，服务生虽然看出了这一点，但是他按照字面意思刻意曲解了它，回复到"这是理查德的钢琴曲"。由此可以看出，同意原则是可以将冲突最小化，服务生使用同意原则最大限度地减少了贵族女士和平民男士之间的矛盾，化解了冲突。

（四）为了避免羞辱而刻意曲解

斯珀伯和威尔逊的研究指出，认知环境分为三种不同的类型：逻辑、自身所掌握的知识和词汇。在日常的沟通交流中，三种不同的认知环境中任意不同的信息都有可能成为刻意曲解的来源。

下述情景是 A 在宾馆房间制造很大的噪声，服务员 B 过去敲门。

B: Excuse me. The guest next to you can't read cause you speak too loudly.
A: Then he should feel ashamed. Because I can read when I was five.

对话中服务生用了"can"这个单词，由于双方共同的语言的环境是能够都明白"can"的意思，但是客人并没有理会服务生所要表达的意思，而是刻意理解为"都成年人了还不能阅读"，于是回复"我五岁的时候就可以阅读了"。虽然客人明白是自己制造了太大的噪音的缘故，但是仍然感觉受到了羞辱，并用幽默的方式化解了这次尴尬。

再看另一个例子：A 因开车太快而被警察罚款。B 坐在她的车里。当汽车转弯时，因车速太快，B 被吓得不轻。

B: Hey, why did the policeman give you the fine? How good a driver you are!
A: Thank you!

这段对话中发生的事情在生活中也经常会碰到，B 由于收到惊吓，便对 A 说"你真是个好司机"，表面上是对 A 进行夸奖，实则是对 A 开车技术的嘲讽，作为有共同对话情景的 A 很明显是理解 B 所表达的意思的，于是将计就计，对 B 的话进行刻意曲解，回敬他"谢谢"，理解为这就是对我的夸奖，从而避免了尴尬。

（五）为了避免得到不好的推断而刻意曲解

斯珀伯和威尔逊的理论认为，在不同场合中，任何话语都有着很多不一样的解释，听者要想理解话语的意思就要与上文和下文结合起来进行理解。通常当人们处在共同的行为活动或背景下时，便可以设法进行交流。在进行非指示性推理时，由于上下文并不是完整的，因此就需要倾听者自己去补充、去扩展。说话人会根据自己说话的目的选择合适的表达方式与听者沟通。不过，有时候听者可能会故意曲解说话人的言语，仅去了解话语的字面意思，对背景假设进行分析，并得出自己的推论，从而达成自己的某种目的。

下述例子中展示了第二说话人如何通过背景假设来进行沟通的。

T: Do you know the time?
S: But I forgot to wear the watch, Professor Li.

上面这段对话是学生迟到后和教师之间发生一段对话，教师询问"你知道时间是什么吗？"，教师表达的意思是上课不应该迟到，合理安排自己的时间。但是学生的回答却是"我没有戴手表，不知道时间"，刻意曲解"time"的意思，很巧妙地应对了教师的询问，并将局势扭转成了对自己有利的局势。

四、不同语言结构中的刻意曲解

根据语言结构的不同类型，我们发现在语音、语义、语用和社会文化层面上也存在刻意曲解。

（一）语音的刻意曲解

语音学作为语言学的分支，侧重的是如何产生语音，研究如何在沟通交流中使用语音来表达说话者的意思。因此，对语音刻意曲解的方式就是对相同发声的单词进行刻意曲解。比如：

A: My son can play this piece, it's classic.
B: We finally have this peace time.

主人想让自己的儿子弹一首古典音乐，但从对话中可知，B并不想听，并将"piece"刻意曲解为"peace"，既挽救了主人的面子，又表达了自己不想听的诉求。

（二）语义的刻意曲解

顾名思义，语义学是对一个短句或词组的理解，听者可以根据自己的文化背景与认知程度对其进行刻意曲解。例如：

A: Can I have some light curtain?
B: Oh, we have the cars or we can deliver to you.

在上述的对话中，A 是想要一个浅色的窗帘，B 利用"light"另一种含义，表示我们可以送货上门，刻意曲解 A 的意思，表示我们不仅有浅色的窗帘，还有一个好的服务。

（三）语用的刻意曲解

语用学是根据实际场景对语言的研究，侧重的是语言在所发生的场景和地点所发挥的功能。语言有两种表达含义：句子含义和话语含义。其中，话语含义要结合上下文来确定其表达的意思。例如：

A girl has quarreled with her boyfriend. When she works, she has no intention to do the work. When her colleague came in, she said, "what will you do?" The girl replied, "you can help me to arrange the files, and I will have a drink."

在这个情境中，女孩因为和男友吵架并没有心思去工作，同事知道了这个事情，很担心她，于是问道"你想怎么办"，女孩听出了同事这句话背后的意思，但是此时女孩并不想回到这个问题，于是女孩采用刻意曲解的方式，故意理解为同事在问工作的事情，并回答道"我想喝杯水，你可以帮我整理文件"，含糊地回答了这个问题，避免了回答和男友吵架的事情。

（四）社会文化层面的刻意曲解

语言是人们沟通交流的重要工具。据不完全统计，现在世界上共有 561 种语言。在不同文化背景下，同样的单词或词组在不同场景下表达的意思可能千差万别。信息化时代的迅猛发展将全世界人民都联系到了一起，巨大文化差异背景下的跨语言交流成为一件不可避免的事情。这就需要交流的双方不断地了解对方国家的文化和风俗习惯。在这种情况下，可以利用社会文化的不同来进行刻意曲解，以避免不必要的尴尬。

A: Rome was not built in a day. So, do you know when was Rome built?
B: In the evening.

　　这段对话中 A 想和 B 讨论罗马是什么时候建成的，但是很显然 B 并不了解这个问题，所以 B 刻意曲解了 A 所提到的"day"，并用幽默的方式回应 A "在晚上"，既避免了由于自己不知道这个问题的尴尬，又达到了幽默的效果，一举两得。

　　在沟通交流的过程中，恰当的沟通方式是谈话顺利进行的前提。但有时为了达成交流的目的，虽然明白第一说话者所要表达的意思，仍然会选择字面意思，这就是本章节讨论的英语刻意曲解。在上述例子中，将面子理论和礼貌原则作为基础，从语境视角、语用动机、语言结构三个角度出发，分析了刻意曲解在不同情况下的使用方法及使用原则。在语用动机中，刻意曲解通常是出于某种目的的使用，如为了回避冲突，挽回面子等；在语言结构上，从语音、语用、语义及社会文化层次分析刻意曲解，对我们的日常生活具有重要的影响作用。本节的研究仅适用于英文交流，但刻意曲解是语言的一种普遍现象，可为汉语语言和其他语言的刻意曲解提供一些借鉴作用。

第三节　人际活动中冲突话步研究

　　现实的人际交往中并不是每次都能和谐愉快地进行，人与人之间可能会因为各种因素造成意见的分歧，如性格差异、认知层次、利益划分等，冲突在交际过程中并不罕见。这些冲突因素使人们在实际交际过程中产生了话语冲突。话语冲突损害了听话者的面子，对人际关系的影响是负面的。在交际过程中，人们总在缓和和化解冲突，以维护自己的面子和人际关系，从而形成一种良性互动。交际中的冲突和缓和不是一成不变的，当交际双方说了不同的话语，使用了不同的言语策略时，最后产生的交际效果也不相同，可能会让冲突缓和，也可能会加剧矛盾，这也是当代社会语言学和语用学研究的重要课题之一。

　　冲突是指在不同的群体或个体中因为各种因素而产生的争吵或抵触。冲突分为两种，即语言冲突和非语言冲突。其中，言语冲突即话语冲突，指在交际过程中，交际参与者不认同对两方各自的行为、言语或就某一事件的看法而发生的话语上的冲突，包含争执、反驳、吵闹等多种言语行为和言语事件。

在对相关文献进行总结整理的过程中发现，社会语言学、语篇分析和话语分析中都涉及话语冲突的研究。对话语冲突的研究最早可追溯于 1980 年前后，当时的专家学者大多从言语行为和交际互动等视角出发研究话语冲突，到 1990 年前后，格里姆肖（Grimshaw）[①]、多里尔（Dorrill）[②] 等采用新的视角和方向研究冲突性话语，使冲突话语的研究视角和方向发生了改变，从冲突事件本身对语言结构特征的影响，转移到冲突发生的过程中。

国内的语言学家从 2000 年开始关注冲突话语，国内的学者们根据现有的表现冲突的文学影视作品，研究了包括冲突型言语行为（如冲突话语的引发和结束）、冲突话语的语用分析等内容。

一、话步分析

人们在研究现实交际会话时，常用的理论是会话分析理论，涉及话轮、话步、相邻对、可取结构、修正机制等诸多方面。国外有学者提出，话步（move）是分析口语语篇的描述单位。话步是话语由一个或多个言语行为构成的，是话语最小的自由单位，每个冲突话语基本都包括启始话步、冲突话步、结束话步这三个阶段，同时，这三个阶段各自的语言表现形式也都是不一样的。

1. 启始话步阶段

启始话步在人际互动中是冲突的来源。赵英玲把冲突话语的启始话步进行了归纳，最终归纳出三种基本模式：一是表态性陈述—否定性表态；二是指令—拒绝；三是煽动性发问—对抗性应答。说话人与听者在进行语言上的沟通时遵循这三种表达模式就会引发对立的冲突性话语。

2. 冲突话步阶段

冲突话步紧承启始话步而存在，说话人在发起冲突启始话步后，受话人会出现两种响应，一种是对发话人进行反驳、否定、抗议、威胁以及警告；另一种是以接受、认可、责问、抱怨或者是回避的态度对冲突加以弱化。前者可能会使双方更加对立，使冲突会话转变为冲突话步；后者则会使对立的情绪得到缓解，从而使冲突会话转变为结束话步。由此可见，在整个的冲突话语中，启

[①] Llen D. Grimsham, *Conflict talk: Sociolinguistic investigations in conversation* (Cambridge: Cambridge Unversity Press, 1990), p.78.

[②] Dorrill Masako Amekura, "Disagreement in Japanese: Three case studies" (PhD diss., University of South Carolina, 1997).

始话步的前后是分水岭，恰当地把握冲突话步对于人际冲突下一步导向具有决定性作用，同时对于后续选择缓和冲突的策略具有重要意义。在冲突话步中，有一种话语是非常常见的，那就是攻击性话语，这属于一种蓄意的冒犯性语言行为。因方特（Infante）在1993年曾根据攻击性话语的特征总结出了四种不同的类型：一是人格攻击（personality attacks）；二是负面比较（negative comparison）；三是攻击对方所在乎的人（attacking the target's significant others）；四是否证（dis-confirmation）。2006年，兰斯（Rancer）和奥古斯特（Avtgis）对自信性、辩论性、敌意性、攻击性等言语行为进行了比较，基于交际效应把前两种归纳为了建构性行为，后两种则是解构性行为。另外还以此为基础将冒犯性话语分成了六种类型，即能力冒犯（competence attacks）、性格冒犯（character attack）、取笑与嘲弄（teasing and ridicule）、诅咒（maledictions）、威胁（threats）、非语言的言语冒犯（nonverbal verbal aggression）。除了无意冒犯性话语，其余的有意冒犯性话语通常都带有蓄意性及对撞性。

3. 结束话步阶段

结束话步阶段主要有四种表现形式，即顺从式、和解让步式、不分胜负式以及第三者介入式。不管冲突话语有多么的激烈，人际活动始终都会终止或者是结束。当然，结束并不代表着彻底消除与化解人际冲突，而是说在话语的意义上话轮停止，之所以会实现这种停止，完全依赖于说话双方妥协、屈服、协调或者是最终达成一致。适应论认为人际交往中的语言具有两种语用目的，一种是趋同取向，另一种则是趋异取向；和谐论表示，人际交往的基本取向是和谐取向，和谐取向对于语言的形式、交际策略等方面的选择有着一定的影响。虽然在人际交往中发生冲突是非常普遍的，但是最终的发展趋势依然是避免和化解矛盾冲突。如果话语冲突经历了一个或者多个冲突话步后，就会慢慢在协调互动中被引入到结束话步。对于人际交往来说，追求和谐始终是常态，交际的双方会采取各种措施来扫除障碍，化解冲突，从而使人际交往的距离慢慢被缩短，从而实现交际的目的，并重新构建更好地人际关系，抑或是对现存的人际关系加以维护，在冲突话语中，这样的以和谐取向为目的的结束话步是现实的需求。

二、人际活动中冲突话步分析

人际冲突就是在主体的价值或者是自身的利益受到威胁时在个体间产生的

交互作用。人际冲突通常都出现在人际交往中，是社会互动的重要组成部分。深度分析人际冲突的表达方式以及类型结构对于人际沟通规律的理解是很有帮助的，同时也有助于对社会结构加以维护。人际冲突通常会以语言的形式以及非语言的形式表现，冲突话语是冲突性的语言表达形式，冲突行为则是非语言表达形式，本节重点关注的是冲突性的话语表达。冲突性话语指的就是在交际行为中的争执类的话语，这种行为在本质上不但对交际者的面子造成了直接或者是间接性的威胁，同时还还可能造成双方的敌对或者是误解，从而使人际交往以失败告终。假如人际冲突可以被消解或者是调和，沟通的障碍可以被扫除，那么人际交往也会是健康、积极的良性互动。

那么为什么在人际交往中总是会出现语言冲突现象呢？由语言顺应论可知，不管是选择了怎样的语言形式和策略，都源于对语境的顺应，也就是语言选择的语用理据。作为一种语言选择，冲突性话语的使用具有一定的语用理据。本节选择某些语言形式以及行为来体现冲突，其本质也是源于对交际和语言语境的顺应，其目的也是为了达成交际的意图，从而满足交际需求。

（一）心理因素制约下对消极情感方面的分析

在语言的选择上，心理世界的顺应是非常关键的语境因素。冲突是滋生抱怨、不满等负面情绪的场所。如果双方在交际过程中，一方对另一方产生了这样的情绪，运用冲突性话语来表现消极的情绪，从而表达对对方的不满，就会在情感上产生对立。

我们来看下面这个例子：

Rachel: Monica, what is with you? Who'd you have lunch with?
Monica: Judy.
Rachel: Who?
Monica: Julie.
Rachel: What?!

如上例所示，Monica 背着 Rachel 和 Ross 的女朋友去逛街，Rachel 为了表达自己对 Monica 所做事的不满，引发了冲突性话语。

（二）对交际者动机如维护身份形象方面的分析

在日常交际中，人们都希望维护积极的身份形象，在冲突中也不例外。在这种语境下，交际一方往往采取冲突性话语攻击另一方，通过损毁对方面子形象达到维护自己正面、积极形象的目的。

我们来看下面这个例子：

Monica: Forty-two to twenty-one! Like the turkey, Ross is done!
Ross: It's no surprise that your winning, cause you got to pick first, so you got the better team.
Monica: You're so pathetic! Why can't you just accept it, we're winning because I'm better than you.

（三）对社交因素制约下双方平等关系方面的分析

在语言选择中，交际主体间人际关系顺应的达成是又一个关键的语境因素。通常来说，朋友之前的关系是平等的，在冲突中没有身份、地位等权力差异的顾虑。因此，双方会为了在冲突中占上风，就很有可能采取带有冲突性的话语，使语言攻击的力度大大增强。

我们来看下面这个例子：

Phoebe: Touchdown!! Touchdown!!
Ross: Uh, hello, the buzzer buzzed. It doesn't count.
Ross: Before the snap!
Joey: After!!
Chandler: Before!!

在人类的人际交往中，冲突性的话语是普遍存在的。本节以《老友记》中朋友间带有冲突性的话语资料为例，通过分析可以看出，交际者之所以会使用冲突性的语言并不是为了故意制造纯粹的冲突，这是交际双方为了实现交际意图、顺应交际语境而做出的语言的选择。冲突性话语不只是广泛存在于人际交往过程中，同时它对于人际互动的发展方向也有很大程度的影响，甚至利用其强大的语用特征左右着人际冲突的启始、演变与消解。在社会语言学领域中，针对冲突性话语的研究越来越多，预示着这一方向巨大的语用学与社会学效用。对冲突性话语的启始话步、冲突话步和结束话步的会话分析能够帮助我们找到冲突性话语的深层次语用结构，帮助我们理解和识别冲突性话语的基本特征。以"面子威胁"原则为基础的"缓和性冲突回应"方法是一种实用性较强的冲突性话语回应策略，它有助于我们在顾及冲突双方身份、地位等因素的基础上，最大程度的对矛盾和冲突加以缓和与化解，从而最大限度的实现和谐人际交往的目标。

第四章 话语分析下的标记语研究

第一节 英汉话语标记语的语用对比

话语标记语也是目前语言学的研究范畴，多数专家学者提出，话语标记语具有人际功能和语篇功能，实用性非常突出。话语标记语（discourse marker）也可称为话语联系语（discourse connectives），在现实交际过程中发挥着举足轻重的作用，指的是连词、副词、介词短语等表示话语之间逻辑或时空关系的一种词汇表达式。话语标记语可以将话语赋予情感，让话语更容易被听话者所接受。

国外学者首先对话语标记语进行了研究，研究的内容和方向主要分为两个学派——连接派和关联派。连接派以韩礼德、哈桑（Hasan）等人为代表，从话语标记语的衔接功能着手进行研究；关联派以布莱克莫尔（Blackmore）、尤克尔（Jucker）为代表，利用关联理论框架对话语标记语进行探讨。1980年，国内才开始了对话语标记语的研究，起步时间稍晚于国外。国内学者主要从句法学、语用学、语义学等领域出发展开研究，在众多研究成果中，何自然、冉永平的研究被国内学者广泛认同，成为国内话语标记语研究领域中的领军人物。随着时间的不断推移，国内话语标记语研究成果的数量不断增长，研究的内容也更加宽泛。在众多研究中，对英汉话语标记语的语用功能的研究还不是很完善。因此，本节立足于英汉话语标记语语料库，采用定性分析的方法，探求二语话语标记语语用功能的异同点。

一、话语标记语的语用功能

（一）制约功能

说话者（作者）使用话语标记语的意图是希望能明确地向听话者（读者）传达自己思维的理解方式，提示听话者（读者）使用和自己相同的思维方式，提高沟通和阅读的效率，确保听话者（读者）能正确理解其意图。在现实交际过程中，说话者（作者）在使用话语过程中可能会产生多种语境假设，使听话者（读者）陷入迷惑中，从而无法判断。在此情况下，话语标记语的制约功能就是对多种语境假设进行限制和制约，为听话人（读者）提供判断的依据，消除其在话语理解过程中产生的误解，并将话语理解向其欲表达的真实意图方向引导。

（二）提示功能

在交际过程中，话语标记语还具有提示功能。话语标记语可以让说话者在付出最小的努力的同时，获得最大的话语传递效率和关联效果。在使用话语标记语的过程中，听话者（读者）可以获得说话者（作者）的话语线索和标记，能按图索骥，真正理解说话者（作者）的真实意图。总之，话语标记语可以帮助听话者（读者）梳理说话者（作者）话语的逻辑关系，提高两者间的沟通效率。

二、英汉话语标记语共性

在英语或汉语中，话语标记的数量并不是很多，在英语中常见的有 I think、I mean、after all、however 等；汉语中常见的有"啊""不是""你说""你觉得""我想"等。如今，国内外关于话语标记的研究成果丰富，为话语标记的进一步研究工作和实际应用提供了参考和借鉴。同时，虽然在英语和汉语中，话语标记语的呈现方式存在差异，但很多时候，两者的话语标记语在语用功能上具有一些共同之处。下面主要从两个方面对英语和汉语中的话语标记语的共同点进行分析和介绍。

（一）语用制约功能

在一定程度上，汉语和英语中的话语标记语都对语言使用起到了制约作用。在交际过程中，当听话者的认知与说话者的认知存在差异时，可能会对说话者的话语产生多种不同的理解，需要听话者根据会话发生的背景、说话者的状态等多种因素进行假设和判断，从中选择最正确的一种话语标记语，以限制听话者的思维，使两者在相同的时间和场景下的思维做到同步，在一定程度上就某一事物在理性和感性上达成一致。

例1：
（a）这件棉袄很不错，就是太薄了。
（b）我会把它买下来的。
例2：
这件棉袄很不错，就是太薄了，不然的话，我会把它买下来的。

在例1中，（a）、（b）两句话之间没有明确的逻辑关系，连起来会非常生硬，甚至会认为是两个人说的话。从这两句话无法判断说话者的真实意图，听话者无法判断他到底是觉得这个棉袄不错，想把它买下来，还是觉得这个棉袄很薄，没有购买意向。但如果介意这个棉袄太薄了，为什么还要买下来？前后没有任何关系的两句话，会让听话者陷入迷惑中。此时，如果在两句话中间加上话语标记语进行制约和过渡，提示要表达的意思，就可以降低听话者理解的难度。正如例2所示，加入"不然的话"话语标记语，可以将上述听话者的多种理解限制到一种上，即相比于这件棉袄的质量，说话者还是介意它太薄了，不想购买。此外，交谈双方在确定了交流主题后，接下来的交流都会围绕着这个主题进行，因此话语标记语也会对说话人接下来的语言和动作起到限制作用。

在英语中，话语标记语也同样具有语用制约功能。

例3：
（a）You'd better forgive their mistakes.
（b）They are your parents.
例4：
You'd better forgive their mistakes, after all, they're your parents.

一方面，从例3来看，前后两个句子基于人们普遍拥有的认知和道德价值观念，连起来理解也符合逻辑关系，但抛开这些信息，两个句子之间缺乏一种合理的逻辑关系；另一方面，听话者也无法从语气上判断这是一种善意的建议还是一种强制的命令，从而使思维受到干扰。此时，可以借助话语标记语的语用制约功能进行情景假设。在例4中，"after all"作为过渡，将两句话连接起来，使语句充满了劝说的意味，听话者可以直接理解其中的含义，在提高表达效率的同时，也增强了话语的表达效果。

（二）语篇功能

话语标记语的语篇功能是指话语标记语具有连接话语单元，从而让语义连贯，形成完整语篇的功能。话语标记语的语篇功能存在一个前提条件，即前后两句话是相关联的，否则就无法使用。

在现实交际过程中，交际参与者中的任何一方都不会一直发言，在说话的过程中一定会产生停顿和间隔，在这种停顿和间隔中，如果不使用话语，就可能让交流陷入尴尬之中，甚至会让对方产生说话者的话已经说完了的错觉，话语标记语在这里的作用就是填补这种言语空白区，让前后两个话语单元能流畅地衔接，避免一时语塞的情况发生。

例5：

"感觉怎么样？"他忍不住问。

"行。"声音有些发闷，头伸在衣柜里。

"那个，那个高飞，怎么样？"

"问你话哪！"宋建平再次忍不住……（《中国式离婚》）

在例5中，宋建平使用的"那个，那个……"就是话语标记语的一种，在这种急迫的情况下，宋建平不知道说什么，只能通过两个重复的"那个"来给自己制造思考的时间，同时缓和他内心的紧张感，让自己的语言真正表达他想表达的内容，使思维和语言保持在同一个水平上。

例6：

A: What's wrong?

B: Mrs Robinson, you don't. I mean you don't think so.

A: What?

B: I mean, you didn't really think I would do that.

从例6可知，在英语中话语标记语同样具有语篇功能。B连续两次使用"I mean"，可能是因为如果此时停止使用话语，他可能就会失去这次的话语权，为了避免话语权转移到其他人身上，B需要给自己争取一定的思考时间找到一种合理的说法以维护自己的话语权，但又不是真的停下来思考。"I mean"生动地体现了英语中话语标记语的语篇功能。

三、英汉话语标记语差异性

前边对英汉中的话语标记语在语用功能上的相似之处进行了分析和阐述，但由于英语和汉语属于两种不同的语言体系，其各自的话语标记语的语用功能同样存在很多的不同之处。

（一）谦逊准则

在中国人的潜意识里，谦逊是人们进行人际交往过程中必须具备的品质，这种品质同样体现在汉语的话语标记语中。

例7：
A：你对此有什么看法？
B：如果要我说，我建议你……

在例7中，B使用了话语标记语"如果要我说"，其实去掉这句话并没有对上下文产生任何语意上的影响，也不会影响话语的连贯性。说话者本意是想对对方提出一些建议，加上话语标记语"如果要我说"，会起到一定的缓冲作用，一方面表达了说话者本人的谦逊和对提问者的尊重，另一方面表达出自己的一种态度，在提意见的同时考虑了提问者，避免说话者给人一种自视甚高的感觉，让自己显得态度恳切，使建议更容易被提问者采纳。

在思想更为开放的西方，当人们被称赞时并不会表现谦虚，他们大多时候会直接接受，因为他们觉得这是对他们自己在某一方面的认可和肯定，并不会觉得害羞和难为情，因此会热情地对称赞者表示感谢。中国人在交际过程中，习惯先顾及对方的感受，以示对对方的尊重，面对这种被称赞的情况，大多数人会回答"不敢不敢""哪里哪里"等。这也体现出了东西方文化的差异。

（二）话语末尾标记语

话语末尾标记语（discourse end marker）是话语标记语的一种，汉语中的话语末尾标记语有"吧""吗""呢""啊"等。而英语中的话语标记语数量相对较少，常用的有"eh"和"huh"等。在汉语中，话语末尾标记语可以转变句子的语气，让陈述句或肯定句转变为疑问句，增强话语的机动性，提高沟通的效率。

例 8：
他一定快到了。（表肯定）
例 9：
他一定快到了吧。（表猜测）
例 10：
他一定快到了吧？（表疑问）

上述对比可以将英语和汉语中话语末尾标记语的差异直观地体现出来。汉语话语标记语可以更清晰明了地表达不同的语气。同时，汉语话语标记语还可以调整对某一命题的假设程度，这在英语中是很难做到的。

汉语和英语话语标记语的不同之处还有很多，不止谦逊原则、话语末尾标记语两种，在使用习惯上，两者之间的话语标记语还存在其他差异。例如，对于"I think"，使用英语的人在后续都会使用 and、so、but、because 等与之进行连接，保证前后话语的连贯性和逻辑性。值得一提的是，在与"I think"连接搭配时，国内的英语学习者由于自身的语言习惯，大多会使用 er、mm、erm、mm 等有声填充语，而在将英语作为通用语言的国家，人们通常使用 well 这样的小词以表达犹豫，给自己思考和反应的时间。上述差异可以清楚地体现出英语和汉语中话语标记语语用功能各自的特殊性。

四、差异性原因

为了揭示造成汉语和英语话语标记语差异性的原因，有专家学者进行了对比分析研究，并从口语表达和文化背景两方面进行了阐述。

一方面，造成差异的原因是口语比文字更早存在。随着人类不断进化，人脑被不断开发，人可以更加精确地控制自己的发声部位，舌头、口腔、鼻腔、咽腔分工明确，相应地，语言也变得丰富多样。但这种进化并不是同步的，中西方人种进化趋势不同，造成了发声习惯的差异，汉语要求每个字的发音要准确清晰，而英语更注重效率，是一门"省力"的语言。因此，英语话语标记语数量要比汉语话语标记语多，也体现出了口语表达的整体差异对话语标记语使用习惯的影响。

另一方面，中西方文化存在差异。中西方文化的不同使英汉话语标记语的使用习惯也不尽相同。经过长期的历史发展，中西方各自不同的文化底蕴随之形成。西方国家更注重自由、开放、创新精神，中国则更加注重以礼待人、勤劳踏实；西方人的自我意识更强，更加注重追求自我价值，而中国人的集体观念更重，行事原则是先从集体利益考虑；西方人理性占据上风，东方人更加感性。语言是各文化之间交流的依托和窗口，话语标记语是语言的一部分，语言与文化之间相互影响、相互制约。汉语话语标记语中的谦虚准则、话语末尾标记语改变语意就是文化差异带来的直接影响。

在英语与汉语中，话语标记语的使用和功能既存在相同点，又因为两种语言的起源不同，各自所属不同的语言体系，且文化差异明显，而在功能上又各有特点。汉语话语标记语和英语话语标记语语用功能存在两个相同点：一方面，两者都具有语用制约功能，将多重话语单元可能具备的含义限制到一个范围内，让交际双方的思维保持同步；另一方面，汉语话语标记语和英语话语标记语都存在语篇功能，可以将两个没有明显逻辑关系的话语单元关联起来，使话语整体保持连贯性。此外，由于文化背景以及发声习惯不同，英汉话语标记语的差异性体现在谦虚准则和使用习惯上。

第二节 话语标记语的多义性研究

一、不同话语标记来源模式的多样性

国内一些学者认为，话语标记语的演变既不是典型的语法化现象，也不是典型的词汇化现象。不同话语标记语的演变路径并不相同，需要根据不同的词语进行具体分析。可能的路径如下：一种是由短语演化而来，即短语先词汇化形成词，之后再语法化形成话语标记语，如"就是""完了"等；另一种是处于特殊语境中的短语，被临时用作话语标记语，此情况常见于主谓结构短语，如"我/你说""谁知道""你（不）知道"等。

话语标记语的起源不能一概而论，即便都是话语标记语，其内部成员之间也存在或多或少的差异。在汉语中，话语标记语类别众多，来源纷乱且难以统计。在探讨汉语话语标记语的来源时，要具体问题具体分析，根据某一确定的话语标记语来探究其来源，且各话语标记语的来源不一，不能套用。

也有一些学者集合分析了大量的话语标记语的来源之后，归纳总结出来一个共性模式：短语—副词—连词—话语标记语，之后使用"就是、完了"对这一模式的合理性进行了验证。

值得注意的是，上述话语标记语发源的共性模式只是众多来源模式之一，并不是所有的话语标记语的发源都要经历上述的每个阶段，即从短语先词汇化为副词，然后从副词语法化为连词，最后再从连词进一步语法化为话语标记语。也存在其他部分的话语标记语，可以跳过短语部分，先词汇化为副词，然后从副词语法化为话语标记语，如"别说"；有的也可以同时跳过短语和副词部分，先将词汇化为连词，然后语法化为话语标记语，如"所以、但是、而且、然后、那么"等。

二、同一话语标记不同话语功能来源模式的多样性

一般来说，不同话语标记语的来源模式不同。此外，就同一个话语标记语而言，不同的语用功能，其起源也不尽相同。

在个别情况中，话语标记语在不同语境和话语功能下可以在词位和语源保持一致性，如话语标记语"别说"。有学者认为，"别说"的功能和语用意义的起源相同，且话语标记语"别说"存在两种不同的句首位置，即始发句句首和后续句句首，但此种研究方法的科学性和严谨性还需进一步探讨。话语标记语"别说"的功能和来源需要根据实际情况判断，不能人为地主观臆断。

上述研究表明，连词语法化为话语标记语是有条件限制的，连词只有符合一定的要求和条件才能进一步演化成话语标记语。相较于用于始发句句首的连词，用于后续句句首的连词的语义相对弱化。例如，语义起到解释功能的连词"就是"和起到关联作用的连词"完了"大多用于后续复句的句首，起到解释始发句以及过渡的作用，因此语义在发生弱化后可以语法化为话语标记语。而"就是""别说"一般位于始发句的句首，无论是概念上还是小句顺序上，都是属前的连词，无法语法化为话语标记语。此外，在形式上，连词和话语标记语也存在相同点，即其与后续连接的话语单元之间，都可以发生停顿，同时可以连接语气词。

第三节 话语标记语语篇功能研究

一、关于文中所分析语篇的背景

密歇根大学学术口语语料库（Michigan Corpus of Academic Spoken English，MICASE）是本节分析时所使用的语篇，其是自20世纪90年代末以来，在美国同一时间发起且互相独立的有关学术演讲的语料库之一。本节应用的是有关植物学家的学术采访材料，同时交际双方均为高级教员。进行这种学术采访是为了对被采访者的最新研究进行了解，所涉猎的专业知识非常多，同时句子较长且没有清晰的界限。因此，非这一专业人员很难理解这类语篇。通过话语标记的层面分析这篇学术采访，可对理解其含义起到一定的帮助作用。本节只节选其中一部分，并通过分析达到目的。

二、话语标记在语篇中的功能

韩礼德是当代功能主义的代表人物，他基于全新的视角，将语言作为一种社会符号对语言的功能加以剖析，最终得出语言存在三大元功能或纯理功能，即人际（interpersonal）功能、概念（ideational）功能以及语篇（textual）功能，这三种功能共同组成了语义系统网络，为语言交际提供了语义潜势（meaning potentials），也就是语义选择，不过语义选择只能在构建语篇（text）的过程中才可以实现。[1]

话语标记语的功能简单来说是其本身的语义。而话语标记语的人际功能与其语用功能存在很大关联，因为当交际意图不同时，会使用不同的话语标记语，从而表达不同的语用功能，当说话者使用话语标记语的人际功能时，便能够从多个角度对话语单位所表达的话题之间的关系进行表述。话语标记语的语篇功能是指将两个存在一定逻辑关系的话语单元联系起来，使话语或文章上下文语义连贯。相应地，只有两个话语单元在意义上是连贯的，才能使用话语标记语发挥语篇功能。

---

[1] Michael A. K. Halliday. *An Introduction to Functional Grammar*（2nd ed.）（England：Foreign Language Teaching and Research Press, 1994），p. 35.

三、对学术采访的具体分析

从近些年的学术研究中我们可以发现，大多数的研究都是应用语言学的分支，换句话说就是，这些学术研究的研究目的都是为了将新的研究成果应用于实践中去。而且，不管一个人的母语是哪一种，专家和学者们大多要通过英语书面语篇体现学术方面的进步。因此，这可能刚好能够证实为何大部分学术语篇的研究都和书面语篇相关，特别是关于学术课本与论文。直至近几年，由于国际性学者更具流动性，同时很多国际性的会议是以口头陈述为基础，才使得语言学家们开始对口头学术语篇的相关研究提起了一定的兴趣。

口头学术语篇与书面学术语篇是有区别的，这些区别可以在吉尔伯特（Gilbert）和韩礼德的文章中找到答案。他们认为，书面学术语篇是正式的、权威的，是经过修饰了的关于研究本身的客观描述，是科学家们的"经验曲目"，而口头学术语篇则是科学家们的"临时曲目"。也就是说，口头语篇是基于他们特定的社会地位、兴趣爱好之上的对于专业行为和意见的描述的个人行为。这也就是说，在口头的学术语篇中，交际双方的角色更加明显，相互之间的互动也更加直接。因此，这种面对面的交际互动就更加强调交际双方的合作与合意。

由于篇幅的关系，不可能对整篇采访都进行详尽的分析，只是从中摘取了其中比较有代表性的一段进行分析，先看摘选的原文：

S1: yeah that's probably right.it uh has to do withwhat I'm involved in a big p-S2: yeah that's right, that's what I was gonna say. there's a (if) there's a big project that's uh, taking your time away somewhat [S1:and I have several] that's what you fall back on in some way, well not really fall back on but that's the sort of steady state and then you get these peaks of other major project activity S1: yeah but, I have a couple big things going on in taxonomy that I've been working on for, [S2:mhm] I hate to say it decades now I just haven't f - S2: yeah well (LAUGH) you're not the only one around here who's been working on these things for (decades) S1:(just) haven't finished yet. S2: yeah. you know I do some sort of uh, quite serious birdwatching, and the ornithologists you know tend to be uh kind of lumpers or splitters I mean they wanna divide species or (xx) but, it seemed to me if I looked at for example your two n-papers in uh, nineteen eighty five in one case you're setting up a new genus on the other case you're saying these six species are actually all one.so you don't have any predisposition to mean cuz ornithologists seem to have a predisposition is to go one way or the other it all depends on the evidence...

从以上节选的内容可以看出，双方在谈话过程中使用了很多的话语标记语。这是因为在采访过程中，S2是话语的发起者，而S1则是回答的一方，而且从对话的内容中可以看出，主要是S2对S1研究方向的一些相关的问话，理解起来并不是很容易。不过，如果将度化中的话语标记语抽出来，将它们在话语中的作用梳理清楚，就能够更好地去理解这段采访的内容了。因此，接下来笔者将主要从两个方面即人际与语篇的对话标记语中采访中发挥的作用加以分析。

本节站在话语标记的视角对一篇学术采访进行了初步分析，最终得出这样的结论：即便是口头学术语篇具有一些较为专业性的特征，使其与日常的口语谈话进行了区分，从而使其看起来与书面学术语篇较为接近，但是，实质上其更加接近日常交际谈话。话语标记语在口头语篇中的人际功能以及语篇功能更加明显，这给听话者理解话语指明了一定的方向，使话语表达的命题更加明晰化，使话语中的各个命题之间变得更连贯，更能表达一定的言语行为。

（一）人际功能方面

韩礼德认为，语言的人际功能指人们利用语言与他人建立和保持联系，用语言来表达自己现实或内心世界的观点，并用语言来影响别人的看法和行为，甚至是改变世界。专家们在做相关的研究时把话语标记语的人际功能进行了总结和归纳，最终得出两种不同类型的功能，一种是加强交谈联系功能，另一种则是缓和面子威胁功能。

1. 加强交谈联系功能

例如，我们从S2最后的一段话语中可以看出，他连续使用了两个"you know"，结合原文进行理解我们能够发现，"you know"其实并没有什么实际的含义，其仅仅是说话人为了更好地引出自己接下来要说的话，同时来吸引听话者的注意，增强双方在认知上的共性而使用的[1]。可能听者并不了解说话人所做的是关于鸟类观察方面的研究，也并不太清楚鸟类学家比较喜欢用总论法或分论法，而经过S2用"you know"的形式进行表达，这好像就变成了交谈

---

[1] 冉永平：《话语标记语you know的语用增量辨析》，《解放军外国语学院学报》2002年第4期。

双方达成共识的信息,这样一来,交流的二人在信息差距上就会大大缩短,双方的联系也会加强,说话者的"自信心"也会增强,这样可以为接下来的顺利谈话提供一定的保障。

2. 面子威胁功能

一般来说,人们都觉得应该在人际交往过程中让自己保持礼貌的态度对待他人,可以有效地维护自己的人际关系,并为自己赢得尊重。礼貌就是要通过一些语言上的特殊的表达手段来给对方或者是自己留面子[①]。然而在实际的日常交往中,出现意想不到的威胁他人面子或者是损害自己面子的情况也是在所难免的,这个时候,就必须采取强有力的措施及时进行不就,使威胁和损害的力度得到缓和,就像在上述原文中提到的那样,S2 原本是想表达 S1 的项目实际上时间成本太大,并且研究方向存在偏差,因此也没有浪费时间的必要,这些话让 S1 的面子受到了损害,为了缓和尴尬的场面,降低 S1 面子受到伤害的程度,S2 使用了 "well" 这种比较缓和的方式对自己的观点进行了较为婉转的阐述,在调节和维护自己人际关系的同时,也能让对方更能接受自己的建议。

(二)语篇功能方面

关于语篇功能,可以将其归纳为三种类型:语篇衔接功能、语篇接续功能和语篇预示功能。

1. 语篇衔接功能

韩礼德和哈桑表示,语篇的连贯性主要在以下两方面所有体现,一是情景上的连贯,以体现出语域的一致性(register consistency);二是在语篇本体上是连贯,故而是衔接的(cohesive)。[②]第一种主要是对语篇以及情景进行探讨,也就是说只有在恰当的情景语境下,语篇才会是连贯的;第二种是对语篇内部组织进行研究,也就是说连贯的语篇前后一定是相互照应的。由此可见,说话者在发言过程中需要采用一定的措施,将前后话语单元合理逻辑地连接起来,以构建语篇,同时也可以为听话者提供一种判断的依据和索引,让交际双方在同一认知层次上保持沟通交流,提高交际效率。话语标记语便起到了这种衔接的作用。具体可见所选案例中,S2 用了 "but" 与 "and then" 这几个话语标记语,其中 "but" 所表达的关系是一种转折的关系,而 "and then" 则表达的是

[①] 冉永平:《话语标记语 well 的语用功能》,《外国语》2003 年第 3 期。
[②] Michael A. K. Halliday and Raqaiya.Hasan, Cohesion in English(London:Longman Group Ltd, 1976), pp. 52-53.

一种承接的关系。这样一来，使用三种话语标记语可以将这三个话语单元有机串联起来，使话语整体出现一定的逻辑关系，语篇便具有了连贯性。

2. 语篇接续功能

语篇接续功能是指在语篇构建中，说者通过一些方式方法让自己的话能够很好地延续下去。例如，原文 S2 说到的最后一段话，由于加入了一些词语——"uh""you know""I mean"等让原句有所缺失，但是，在一定程度上说明了说者没有准备好说的内容，却又不想错失说话的机会，为了给自己争取这一机会，可通过"搪塞语"（hesitation filler）拖延时间，进而达到自己的目的。如此一来，既为自己争取了时间，在交际中也不存在信息缺失，同时交际也能继续下去，语篇接续功能是显而易见的。

韩礼德在为其《功能语法导论》进行引言时指出，语言是随着人们的需求而发展的。毋庸置疑，语言的形式就是为语言功能进行服务的。因为需要分析的语篇出现在两个交谈人员之间的沟通交流，所以需要通过一定的语言手段让双方更好地交流。例如，话语标记语通过其在语篇中的语篇功能以及人际功能，确保给交谈双方提供愉快的沟通氛围以及语篇的前后流畅，以便顺利地进行采访。

3. 语篇预示功能

说话者可以利用话语标记语提前向听话者预示自己接下来将要表达的后续内容，起到对前面语句内容的进一步解释和补充，这就是语篇的预示功能。例如，在上述原文中，S2 使用了"but"和"for example"这两个话语标记语，其中"but"表示转折，预示接下来要说的内容与前文含义相反，"for example"表示举例子，是对前句内容用举例子的形式加以进一步的解释说明。由此，听话者可以根据说话者话语标记语所给出的提示，梳理和判断各单元语句之间的联系，帮助其准确理解说话者语句的真实含义。

第四节 话语分析之元话语研究

元话语（metadiscourse）这一概念最早由哈里斯（Harris）提出，指语篇中处于次重要地位的信息。自 20 世纪 80 年代起，元话语逐渐成为应用语言学，特别是语篇分析中的研究焦点。从 1980 年起，元话语渐渐进入专家学者们的研究视野中，逐渐发展成为应用语言学，其中的语篇分析更是受到了学界的广泛关注。正如毛拉宁（Mauranen）指出，元话语作为人类语言交际的一种基本特征，其在语篇中使用的普遍性和重要性已被研究者认同。[1]为了探索元话语的本质内涵和使用机制，国内外学者从不同的视角切入对其进行了分析和解释，目前已经有了许多关于元话语的功能、认知、语用等的相关研究成果，但由于元话语这一概念本身不是非常明确，具有一定的模糊性，因此现有的对元话语的研究视角多是与元话语在语篇中的功能表象有关，缺乏对元话语更深层次的挖掘。本节对目前国内外已有的元话语研究成果进行了收集和整理，以目前国外较为火热的元语言功能、认知和语用研究视角为基础，分析和阐述了国内相关学者近些年比较关注的涵盖主体间性理论、话语理论和交往行为理论的语言哲学视角下元话语的相关研究成果，帮助读者理解和探究元话语的本质，打开了元话语的研究视域。

一、元话语概念的源起与发展

自哈里斯提出元话语这一概念以来，诸多研究者对其进行定义。迈耶（Meyer）提出一种类似于元话语的概念，即"信号"（signaling），用来指连接语篇结构和传递语篇信息的非内容的系统[2]；凯勒（Keller）将元话语视为一种心理策略，是语篇中传递基本话语信息的"开场白"。[3]谢福林（Schiffrin）将元话语视为组织或评价正在进行的会话的话语，称其为"元交谈"（metatalk）。[4]威廉姆斯（Williams）首次将"metadiscourse"这一术语引入写作领域，将其定义为"关于写作的写作，关于话语的话语，与主题内容无关"。[5]

此时，人们才开始逐渐承认元话语的存在，并普遍使用元话语这一术语。然而，此时期语言学者们只是对元话语的语篇组织功能具有基本的理解和研究，元话语的人际功能并没有受到研究者的关注，此时对元话语的理解是片面和狭义的。这种对元话语狭义的理解模式将元话语限制在一定的语境中，在一

---

[1] Anna Mauranen, "Discourse reflexivity: A discourse universal? The case of ELF, "*Nordic Journal of English Studies*, 9, no.2（2010）: 13–40.

[2] Bonnie J. F. Meyer, *The Organization of Prose and Its Effects on Memory*（Amsterdam: North-Holland, 1975）, p.75.

[3] Eric Keller, " Gambits: Conversational strategy signals," *Journal of Pragmatics*, 3, no.3（1979）: 219–228.

[4] Deborah Schiffrin, "Metatalk: Organizational and evaluative brackets in discourse," *Sociological Inquiry*: *Language and Social Interaction*, 50, no.34（1980）: 199–236.

[5] Joseph Williams, *Style*: *Ten Lessons in Clarity and Grace*, Boston: Scott Foresman, 1981）, p.32.

定程度上为元话语概念模糊的问题提供了一种解决思路,但不能充分反映语篇构建的实际过程,实际上,语篇的构建过程体现在作者与读者之间的人际互动中,构建过程具有很大程度上的社会性,而狭义的元话语理解模式却没有注意到这一点。随着研究视角的不断扩大以及研究的不断深入,元话语研究者逐渐发现当把语篇、作者和读者各要素结合起来时,元话语便具备了人际功能,由此打开了元话语研究的新篇章,研究也不再局限于语篇组织功能,而是将语篇、作者和读者等单个要素结合起来,从此元话语研究者不再仅关注元话语在语篇中的组织功能,对元话语的研究也进入了新的征程。

海兰(Hyland)从功能角度出发,将元话语视为语篇中帮助作者或者说话者表达观点、与一定社团中的成员建立互动的语言成分。[1]这种综合考量了语篇组织功能和人际功能的理解模式是对元话语理解的广义模式。广义模式的元话语涉及的内容范围较广,可以将除狭义模式外更多的语言成分包含在其中,与此同时,该模式可以实现对语篇及语篇的组织构建过程进行全面深入考察的过程,并可以明确展示出作者与读者之间的交际互动,充分体现了语篇的社会性质,得到了目前大部分专家学者的广泛认可。

二、元话语的语言本体研究视角

社会语言学家贝特森(Bateson)和戈夫曼(Goffman)认为,元话语在本质上为人类交际提供了框架性或阐释性的信息,从而促进了交际的有效进行。元话语可以影响交际参与者的心理,起到了一定的正向引导作用,让听话者可以正确快速地理解说话者想要传递的信息。目前,一部分专家学者刚开始进行这项研究,所依据的理论也各有不同,研究内容大多是对元话语这一现象及其在实际交际过程中所发挥的辅助功能进行阐述,缺乏更深层次的剖析。直到1980年以后,随着语言学研究的不断发展,元话语研究才逐渐集中在功能语言学、认知语言学和语用学等领域中。

博韦(Beauvais)[2]将元话语视为一种承载言外之力的语言成分,虽不表达命题意义,但能够传递作者的交际意图。言语行为理论在分析元话语过程中将交际意图融合进来,为研究元话语的功能和特征提供了新的思路。然而,因为缺乏统一的划分标准,现有研究中的言语行为的种类出现了重叠,使深入剖析

---

[1] Hyland Ken, *Metadiscourse* (London: Continuum, 2005), p.35.
[2] Beauvais, Paul, "A speech act theory of metadiscourse," *Written Communication*, 10.no.1(1989): 11-30.

和研究元话语的难度有所增加。维索尔伦（Verschueren）[①]提出了语言顺应论，认为语言的使用过程是语言使用者依据自然语言的变异性、商讨性和顺应性而对语言形式和使用策略进行选择的过程。变异性让语言具有了可选择性，同时明确了语言的使用范围，商讨性和顺应性则更加体现人的主观能动性，指人们在进行语言选择时一种机动、灵活、动态的状态。其中，顺应论更强调对语言结构的判断和选择，无论是在不同命题内容下还是在同一命题内不同信息的情况下，顺应论都可以对此做出解释，这对于建立元话语与顺应论之间的联系更具优势，因为元话语本身没有任何命题意义，只是作为一种语言连接工具将不同的话语单元联系起来。国外研究者从语言顺应论视角对元话语进行的研究，国内一些研究者已经开始关注这一视角，如胡春华[②]；姜晖[③]）。从语言本体视角下对元话语展开的相关研究较少，可以从功能、认知和语言本体等不同角度出发，认识元话语的特征和功能。与此同时，元话语的概念目前还不明晰，从语言本体视角出发进行的元话语研究本身存在一定的限制，无法完整解释出元话语的本质，因此需要不断开拓新的元话语研究视角，更加深入地分析和研究元话语这一语言现象。

三、元话语的语言哲学研究视角

20世纪，西方哲学发生了巨大的变革，语言哲学进入研究者们的视野中，他们认为，语言哲学能够对现有的语言理论进行补充，为语言研究提供了一种全新的思路，成为当时一项热门的研究主题。正如钱冠连指出，语言哲学与语言研究的关系就像营养钵对钵中小苗的关系，也像摇篮对摇篮中的婴儿的关系。顾名思义，语言哲学是站在哲学角度来审视和分析语言，为人们提供了快速有效地理解和使用语言的思路，进而实现揭示人类世界运行机制的目的。下面我们将以主体间性理论、话语理论和交往行为理论为基础，站在哲学的视角分析元话语，探讨元话语与人类世界中人际交往之间的关系，分析元话语这一语言现象的使用机制。

（一）元话语与主体间性

传统认识论中就存在"主体性"的概念，"主体间性"便是基于此衍生出的

[①] Jef Verschueren, *Understanding Pragmatics*（London: Edward Arnold, 1999），p.25.
[②] 胡春华：《学术讲座中的语用学研究：顺应—关联路向》，博士学位论文，上海外国语大学，英语语言文学专业，2008，第136页。
[③] 姜晖：《元语用视角下的功能性言语探究》，《当代外语研究》2011年第4期。

探讨不同主体间的互动机制的一种新概念。郭湛认为，传统的认识论一直关注的是主体和客体之间的关系问题，包括主体认识客体的方式和客体反作用于主体的方式，是一种单纯的"主体—客体"或"主体—中介—客体"的方式。① 然而，这种模式存在局限性，只能用于研究不同类型的主体间的模式（如人与自然或某一客观事物间的模式），因此需要建立一种可以用于探讨同种类型主体间关系的模式（如人与人或主体与主体之间的模式）。由此可见，主体间性本质上是一种可以体现主体间相互作用、相互交际的属性，也可称作交互主体性。

国内元话语研究者成晓光首次提出元话语对主体间性的构建作用，为元话语研究的语言哲学视角开了先河。② 成晓光认为主体间性体现在主体之间的平等性与交互性方面。

我们认为，元话语实现主体间平等性和交互性可以为有效交际的研究提供思路，需要进行更进一步的剖析和探究。举例来说，前文已经提到元话语的分类模式主要包括组织语篇、引导作者与读者互动的语篇元话语，以及人际元话语（或称交互式元话语、互动式元话语），实际上元话语的基本功能就是实现作者与读者间的互动，而组织语篇的功能实际上也是间接实现作者与读者的互动，这也是为什么海兰③将其对元话语的分类模式称为人际分类模式的原因，也就是说元话语的语篇与人际功能是不能截然分开的。我们不能将主体间的平等性与交互性完全割裂开，语篇元话语与主体间的平等性、人际元话语与主体间的交互性相对应的处理方式，无法完全体现言语交际过程中的整体性。例如，"我同意""我希望"这类话语标记语传递出作者一种对主题表达的赞成、希冀的态度，引导作者与读者之间互动体现了主体间的交互性，在此过程中，平等性可以使作者将自己与读者放置于同一层次上，将读者视为一个平等交互的个体。因此，我们在以后对元话语构建主体间平等性和交互性的研究中，应该从一个整体全面的视角，深入分析元话语内部每一细小部分在构建主体间平等性和交互性过程中发挥的作用，让人们对元话语在构建主体间性中发挥的作用有整体且深入的认知。

（二）元话语与话语理论

巴赫金（Bakhtin）通过超语言学的研究方法，对语言进行深入研究和分

---

① 郭湛：《论主体间性或交互主体性》，《中国人民大学学报》2001年第3期。
② 成晓光：《语言哲学视域中主体性和主体间性的建构》，《外语学刊》2009年第1期。
③ Ken Hyland, *Metadiscourse* (London: Continuum, 2005), p.27.

析后提出了话语理论,为语言学研究提供了新的视角。巴赫金以对话主义为核心,将"人"作为核心研究载体,观察人以话语为工具参与生活、传达其内心意图和想法、表现自己对某一事物态度的过程。巴赫金的话语理论提出,构成话语思想内涵的要素分为三个方面:话主意识中对客观世界的反映,即话题;话主的意图,即话主对话题所涉及的客观事物的态度;话主对他人话语的评价和回应。[①]巴赫金将话语的概念进行了扩展和延伸,涵盖客观世界、人的主观意识和价值观念、人际交流及互动等方面,对人类言语交际的特点进行了全方位的分析和解释。

话语理论以话语的对话性为核心,对话语展开全面且深入的探析。话语理论指出,任何话语都具有内在的对话性,可从两个层面进行阐述:一方面,任何话语都会与其前一句话语有一定的关系,如否定、认可、补充,或以前一句话语为前提等,最终都是对前一句话语的继承和回应;另一方面,任何话语都希望能得到听话者的回应,使其能够与自己发生对话。以上两个层面显示出,任何话语都是在对话关系的条件下存在的,话语发生于对话中,因此对话性是话语存在的基础和前提。

巴赫金提出的话语思想内涵三要素拓展了元话语的研究领域,为语言学家提供了一种新的研究方向。张玉宏[②]提出巴赫金的话语思想三要素与话语及元话语的核心本质是相对应的:话语思想的第一要素"对客观世界的反映"实际上可解释为传递命题信息,与言语交际中的基本话语相对应;第二因素"对话题所涉及的客观事物的态度"与元话语中传达作者对命题信息的态度相对应;第三因素"对他人话语的评价与回应"与元话语中引导作者与读者互动相对应。相反,在元话语中也可以发现话语理论的对话性特征。元话语既可以通过构建语篇来帮助读者梳理阅读和理解语篇的思路,又可以传递作者对语篇的观点和态度,同时元话语的功能还是话语对话性特征的体现。

本书认为,为了能对元话语有更深层次的理解,可以在建立语料库的同时,以巴赫金的话语思想三要素和对话性本质为研究基础,探究各类元话语与三要素之间的关系,以及各类元话语体现对话性的方式,如态度标记通过表达对命题信息肯定或否定等态度体现出话语的对话性本质,言语通过引出其他语篇信息作为依据实现语篇的互文性,体现话语的对话性。

---

① 巴赫金:《巴赫金全集(第四卷)》,石家庄:河北教育出版社,1998,第125页。
② 张玉宏:《巴赫金语言哲学视角下的元话语标记研究》,《兰州学刊》2009年第4期。

（三）元话语与交往行为理论

19 世纪 80 年代，德国哲学家哈贝马斯（Habermas）对人与人之间的交往行为进行了深入研究，经过不断地总结归纳，最终提出了著名的交往行为理论。哈贝马斯将交往行为定义为两个或两个以上具备一定语言能力和行为能力的主体，以语言作为相互交流的工具，与客观世界、社会世界和主观世界相联系，从而在行为上达成共识的行为。[1]他提出人们在进行交往行为的过程中，需要以交往双方的思想达成某种程度上的共识为目标，通过构建言语的有效性基础为手段。

因此，交往行为的顺利进行需要满足四个普遍有效性要求：可领会性要求，即交往主体在使用话语的过程中语法要符合言语规范，同时要确保这些言语规范已经提前存在于交往主体的意识中；真实性要求，即交往主体在使用话语的过程中能够将真实的客观事物呈现给对方；真诚性要求，即交往主体在使用话语的过程中能够赢得对方的信任、引起对方的共鸣，表明其真诚交往的态度；正当性要求，要求交往主体在使用话语的过程中能规范自己的交往行为，形成标准的交往情境。

交往行为理论对研究元话语具有一定的启示作用，该理论认为有效交往是建立在交往主体使用的话语满足四个普遍有效性要求的基础上的。语言学者经过大量的研究分析后已普遍认同元话语不承载命题信息，但具有帮助读者梳理语篇逻辑关系、促成作者与读者交互的功能。由此推理，以交往行为理论为基础，以实现有效交往为目标，在语篇中的元话语也可以通过其具体功能来满足相应的四个普遍有效性要求，以确保语篇信息的有效传达。

人们对元话语的研究已进行了几十年，目前国内外已经取得了许多有影响力的成果。研究者从多个不同的视角出发，选取各种元话语理论研究范式，理论依据包括心理、功能、认知、语用和语言哲学等不同研究领域的理论。从不同的学科理论角度审视和考量元话语可以更加深入、全面地挖掘和描述元话语的本质和特征，所以在将来元话语的研究中，理论视角应该进一步扩展。围绕元话语具有实现和促进交际双方互动的人际性特征，格赖斯经典合作原则、凯科斯（Kecskes）社会—认知语用视角等都可以为研究者提供新的研究思路和方向。

---

[1] 尤尔根·哈贝马斯：《交往行为理论（第一卷）》，曹卫东，译.上海：上海人民出版社，2004，第 27 页。

第五节 话语标记语的类别及常用实例

话语标记语是一些在话语中发挥语篇语用功能的词语或结构，能够从局部或整体对话语的构建与理解产生重要影响，引导和制约人类的语言交际活动。从 20 世纪 80 年代中期开始，人们对这类边缘性语言现象的研究兴趣日渐浓厚。

一、话语标记语的主要类别

在话语标记语分类上，弗雷泽（Fraser）认为可以将其分为两类：第一类是连接信息，如对比标记语、并列标记语、推导标记语等；第二类是连接话题。第一类是将 S2 和 S1 两个语段所传达的信息连接了起来。话语的关系有时关乎命题内容范畴，有时关乎知识范畴，有时还会关乎言语行为范畴。第一类话语标记语涵盖三个次大类。第一个次大类是对比标记语，包括 but、(al)though、however、contrary to this/that、conversely、despite (doing) this/that、in comparison (with/to this/that)、in contrast (with/to this/that)、in spite of (doing) this/that、instead of (doing) this/that、nevertheless、nonetheless、on the contrary、on the other hand、still、whereas、yet 等。第二个次大类是阐释标记语，包括 and、above all、also、be that as it may。第三个次大类是推导标记语，涵盖 so、of course、all things considered、accordingly、as a consequence、as a logical conclusion、as a result、because of this/that、for this/that reason、hence、it can be concluded that、therefore、thus、in this/that case、under these/those conditions、then，表明后面的语段对前面语段进行了汇总或者证明。

第一类话语标记语连接的第一个语段的明说或隐含的信息，第二类则关乎话语管理 [类似于雷德克（Redeker）的序列层次以及谢福林（Schiffrin）的交换结构]，并且所关乎的层次仅限于此。back to my original point、with regard to 这一类的话题变换标记语所连接的信息并非 S2 叙述的话题，而是 S1 涉及的话题。弗雷泽指出，若是有关话语标记语的这两类分析正确，那么要对谢福林和雷德克的观点进行重新审视，这是因为，在他们看来，修辞的、概念的以及序列的这三个层次都会受到话语标记语的影响，即便如此，他们也没有涉及话题。

话语标记语的英文是 discourse markers，犹如我们生活当中指引我们前进的路标。

二、常用的话语标记语

下面常用的话语标记语，大家可试着模仿使用。

（1）You know I was having a party with my friends last night. 你知道吗，昨天我和好朋友们一起聚会呢。

you know 一般用于对方已经知道的事情。

（2）Actually, it was a complete disaster. I burnt the meat, people arrived when I was cooking. 其实这个聚会完全是个灾难。我把肉烤焦了，我还在做饭呢，客人们就到了。

actually 用于谈论一些让人觉得比较吃惊的事，或者更正某个信息。

（3）Mind you, I did say "turn up when you want", and I did start cooking pretty late. 听着，我确实说过你们想什么时候来都行，而且我开始做饭就很晚了。

mind you 用于说一些事后的想法，而且一般和以前说的不一样。

（4）Anyway, as I was saying, I burnt the meat, the dishes were all ready at different times... the dessert... 反正，我刚才也说了，肉烤煳了，菜在不同时间上的……甜品……

as I was saying 一般用于回到刚才说过的话题。

（5）Oh, come to think of it, I completely forgot to serve dessert. 哦，我想起来了，我完全忘记上甜点了。

come to think of it 用于突然想起什么事了。

（6）So, basically, everyone went home hungry. 所以基本上大家都是饿着肚子回家的。

basically 用于总结你要说的话。

（7）Anyway, how was your evening? 不过你昨晚怎么样？

anyway 用于换话题，或者回到刚才的话题，或者要结束话题了。

（8）By the way, before I forget, it's my birthday next week and I'm having a dinner party, do you want to come? 顺便说一句，在我还没有忘记之前，下周是我的生日，我要举办晚宴，你要来吗？

by the way 用于要说点和主题没关系的东西。

· 083 ·

第五章 话语分析下的人际意义研究

第一节 摘要语篇人际意义的对话性分析

摘要是一种语篇组织形式,是学术论文不可缺少的重要组成部分之一。摘要在学术论文中所占的篇幅较小,但内容精练、客观,是整个学术论文研究脉络和研究结论的凝练概括。精练的文字在给出充分信息的同时,多声性以及作者与读者之间的对话性特征也暗藏其中,这对构建有效的人际意义、实现不同的人际功能具有重要意义。

一、人际意义

系统功能语法理论指出,语言系统中有三大纯理论功能:概念功能、人际功能、语篇功能。其中,人际功能是表达说话者身份、地位、态度、动机和其对事物的推断等,是说话者作为参与者的意义潜势,是语言的参与功能。系统功能语法理论中的人际功能可以让说话者融入某种情景语境中,传递其观点和意图,并通过其话语影响其他情景参与者的言行及态度。此外,人际功能还可以体现说话者与听话者在交际过程中所扮演的角色间的关系,即交际角色关系,也可表示其他与情景有关的角色关系。明确摘要的人际意义对人们在进行摘要写作过程中的结构布局具有一定的指导意义,并能帮助人们理解说话者的身份、观点、目标,明确人与人之间的社会关系及社会交际性。

二、对话性与人际意义构建

在人际意义构建的过程中存在两项基本要求,即多声性和对话性,以确保人际交往时互动沟通的实现。摘要写作的目的是为了引起读者的关注，并实现作者与读者之间的交互，从而实现一定的人际意义。

（一）人际意义构建的前提：多声性

巴赫金认为："语言只能存在于使用者的对话交际之中。对话交际才是语言的生命真正所在之处。语言的整个生命，不论是在哪一个运用领域里（日常生活、公事交往、科学、文艺等），无不渗透着对话关系。"对话性的本质使语言使用者在构建语篇时不再仅是表述个人观点，而是作者与读者之间潜在对话的呈现。正如海兰所言，论文撰写不是由作者个人进行的独立行为，作者在写作过程中要考量读者理解能力及宗教信仰等因素，并形成一定程度的预判和假设，因此一篇论文实则是作者和读者共同合作完成的。同理，在对整篇论文进行提炼概括形成摘要时，也需要遵循这一过程。此类语篇也会预测回应。可见，多声性是构建人际意义的前提条件。[①]

声音不仅可以来自作者，还可以来自受众。怀特（White）指出，学术语篇存在三大读者群体：作者同盟，即论文的编辑和审稿人；指涉读者，即论文中所指摘或赞赏的以往研究者；大众读者，即对该学术领域感兴趣的学者、学生或其他人员。例如，在语言学类的学术语篇摘要中，受众便涉及其中的两部分：在论文发表之前进行编辑修订和审核的出版方，即作者同盟；对语言学领域进行研究或感兴趣的语言学研究者、语言教师和非专业的语言学习者，即大众读者。除了作者自己的声音外，从摘要语篇中可以发现受众的声音，如通过满足人际意义构建的前提——否认或承认、包容等态度词汇语句来表现多声性。

（二）人际意义构建的途径：对话

摘要中作者与受众之间的对话性直接影响着摘要语篇人际意义的构建。对话性从两个方面为构建人际意义提供了意义潜势：一是对话可以体现交际者的基本话语权势，二是对话可以体现说话者的态度和交际目的。

1. 压制对话性

在摘要的写作过程中，作者要秉承客观、科学的态度，明确直接地阐述论文命题。在此过程中，为了表明研究命题的必要性及合理性，作者不可避免地会利用不同语言形式凸显自己命题的意义和价值，通过自身的话语权势压制对话性，从而构建有利于自己的人际意义。如下例：Searching memory for

---

[①] 王彦、陈晓燕：《呼叫中心话语的人际意义研究》，《商务外语研究》2015年第1期。

vocabulary was identified as a key process affecting WTC, though it is argued that other factors (including language anxiety) are also operating to affect WTC。但两种声音共存的同时，通过 though 的作用，作者的声音表现出强势，弱化了与其他声音的对话性，凸显了自己对该命题的态度，表明摘要作者考虑到了话语背后所表达的期待，并在为之承担一定责任的同时，又通过转折词强调了自己的观点，以减弱对话性。

2. 扩展对话性

作者在形成摘要语篇的过程中，会考量受众尤其是同盟作者的感受，为了赢得受众对摘要语篇论点的肯定，作者往往会借助各种语言手段或语言形式来扩展语篇的对话性，如使用情态动词、表可能性副词、模糊词语及转述性词汇等。使用较为客观且委婉的话语，可减缓作者自身语气的强度，进而拉近与读者的距离。这些扩展对话性的语言形式的使用都不是因为作者对自己的研究和观点缺乏信心，而是表达了作者采取的一种对话的态度，体现了平等交流的思想，或使读者更易接受作者提出的新命题及观点，或达到鼓励读者对所陈述命题进行争论的目的，获得读者更多的关注。

为了构建人际意义并传达摘要作者的观点和态度，作者需要建立一种积极的交际观来构建其与读者之间的对话，通过一定的语言手段实现语篇的客观性及可读性，进而实现作者与读者间的互动。通常情况下，摘要作者与读者之间是学术社团背景下的作者与读者之间的社会对话，是其相互间社会关系和摘要语篇交际性的体现，多数情况下摘要作者与读者间的关系呈现出一种"权势关系"。

第二节 话语语气的人际意义分析

一、语气成分的组成

（一）主语与谓语动词的述定部分

语气成分通过主语+谓语动词的述定部分（finite）实现，其他包含补语、附加语和谓语动词。"交换"的进行与语气关联甚密，韩礼德的著作和其他功能语法著作是通过游戏的方式说明语气在交换过程中的机制的。语气块中的主语和述定词间的关系在出现信息分歧时有着重要作用。所以，在以上材料当中，交换相反的述定词是争吵的核心。

（二）情态责任

争吵只是交换的一种情况，除此之外，我们更关注的是语气在对话中是如何成为人际意义的"句法"的。基于此，只讨论述定词无法为此过程提供更好的解答，需要借助语气块中的另一个成分"主语"进行综合分析，但韩礼德对主语的描述却略显模糊。

韩礼德提出，实际上语气块中的"主语"与传统语法中的主语有所区别，传统语法中的主语只有一个语法上的功能，而语气块中的"主语"更大程度上是一个功能术语，更加注重整体的语义，主语不再只是任意的一个语法项目，做一个小句的主语在语义上是有所意味的。接下来，韩礼德提出了主语在英语陈述句中被认知的过程和方法：陈述句的主语就是用句末附加部分中的代词指称的那部分，因此为了确定主语是什么，只需加一个句末附加部分，看看其中的代词指称的是哪部分就可以了。然而，加句末附加部分的方法更加适用于本族语者，外族语者缺乏本族语者自有的语感，如果要为一个陈述句加句末附加部分，还是需要辨别语句中的主语部分，因此韩礼德并没有为人们提供一种普适的解决方法。由此可见，当外族语者在使用英语的过程中，主语除了发挥其语法上的作用外，也为主语赋予了一定的语义，那么是怎样的一种语义呢？韩礼德将他与奈杰尔（Nigel）以及与父亲的会话进行了归纳分析，提出了与"语气责任"这一概念类似的观点。汤普森（Thompson）对情态责任进行了深入的研究后提出了一个较为明确的概念，他将情态责任定义为"说话人公开接受所表述的主观评价的责任的程度"，并依据情态责任列出了一个表。

表 5-1　情态和意态的主客观取向

主客观取向	情　态	意　态
显性主观	I'm sure we are right.	I don't advice you to drink it.
隐性主观	She might have been right.	I mustn't go there any more.
隐性客观	We probably won't come.	A cathedral is supposed to be old.
显性客观	It's likely that they are right.	It's essential that you leave at once.

通过上表可观察到，由于陈述句中的主语与主位经常是重合的，只有在选择主语时将语气与情态结合起来进行考量时，主语才带有情态责任的语义。实际上，主语的"语义"与主位的选择有关，不同的主位可表示作者不同的主要关注点及说话的出发点。

（三）语气附加语

语气结构的组成部分既包括主语、谓语动词的述定部分，也包括语气评论语。韩礼德认为语气附加词和连接附加词为小句建构了语境。语气附加语包括以下方面。

（1）评论附加语：对事实的评价，说话人对命题的总体的态度，如意见、接受、劝告、恳求、假设、愿望、保留、证实、评价、预测等，如 frankly、unfortunately、actually、to be honest。

（2）表达时间关系，如 yet、already、still。

（3）表达是与否，如 yes、no、not。

（4）情态附加语：表示可能性，如 definitely、maybe；表示经常性，如 never、always、sometimes；表示倾向/责任，如 gladly、reluctantly。

通过以上分析可以得出，语气附加语可根据功能语法进行详细的划分，但由于表达评价意义的语气附加语数量庞大、含义众多，利用功能语法作为分类依据仍然无法涵盖语气附加语的所有类别。

二、语气与对话中的交换与互动

假使我们考察语气和交换的关系，而不只是局限于小句中的语气块，即不局限于"句法"中，便能观察到语气对于话语的人际意义的重要作用，这种作用在有一个以上说话者的会话中表现得更为明显。

埃金斯（Eggins）和斯莱德（Slade）在 1997 年发表的《分析随意会话》一书指出，语气是一种随意会话的语法，语气可以起到划分角色间关系的作用。语气也是英语中产生人际意义的语法资源之一，接下来本书将对此进行进一步的分析及解释。

对选择语气的机制进行剖析，可以帮助我们明确说话者在交谈过程中开启并构建权势关系的方法及过程。我们可以先着眼于小句中的语气系统。

索恩博罗（Joanna Thornborrow）在《语言模式：文体学入门》中谈到了大众参与媒体节目的相关内容，他提出那些有观众参与的节目的话语结构已经提前由专家和机构制定好框架，并在节目进行过程中受到框架的引导，而节目外部的参与者，其话语则受到机构格局（institutional format）的制约。他并没有明确地使用语气的概念，但实质上是通过分析对话中的语气得出的结论。

为了让人们能清晰地认识到语言通过交换/对话来传达人际意义的过程和方法，功能语法用了大段的文字和章节来阐述小句的语气和情态系统。人际意义包括很多方面：人际关系中的权利、亲密程度、相互熟悉的程度，以及在人际交往过程中参与者的态度和判断。功能语法的观点是，可从小句中语气的语法类型特征联系到各种人际意义，从而解释语域的变量——语旨。

具体的做法有以下几种：

（1）观察和考量谁在一个情景中说话的次数最多，说话的时间多长。常见的例子如在学校课堂教学互动过程中建立起来的不平等权利关系，从语言的角度进行分析，是教师在互动过程中经常扮演说话者的角色，且处于主导地位，从而实现话语权势的。在随意的会话中，说话人角色的占据就自由得多了，会话参与者的团结关系在语言上是通过分享说话人角色来实现的。谁也不比谁有更多的发言权。但实际上在进行随意会话时，某些人因其社会地位及社会角色发言的次数也会较多，以上的概括并不准确，我们需要结合语境进行具体分析。但是话语量与权利关系之间并没有直接的联系，如在工作面试中提问方一般掌握主导权，而在咨询行业中因为知识被回答的一方所掌握而使得提问方处在弱势的一方，医生与病人的谈话也是同样的道理。

（2）考察当说话人得到说话者角色后干什么，谁给出信息/服务，谁要求得到信息/服务，这些权力是否是互换的（reciprocal）。当缺乏互换性时，就可以看出地位关系。例如，在课堂教学情景中，学生经常在接受信息，而教师则在向学生输出信息，且这种关系无法转变，据此可以看出教师和学生间的不平等权利关系。

（3）考量和观察主语部分。在功能语法的语气系统中，主语具有表达特定人际意义的作用，是说话者想要用来对小句中的命题的有效性负责的实体，或是针对该实体，断言被宣称为具有有效性。

（4）考察谁用了认知性情态，谁用了责任性情态。这些有助于实现权力关系和情感上的卷入。

以下是埃金斯分析的一段会话的开头部分，Fran、Brad 和 Dave 坐在停着的汽车里聊天。

Brad: Look. See that guy. He plays the double bass.
Fran: Does he?
Brad: In the orchestra. He's a funny bastard and his wife's German and she's insane.
Dave: [coughs]

从对话中各人选用句型的特点也可以看出此交谈缺少互动中的相互性（reciprocity），Brad 在此次谈话中处于主导地位，而 Fran 在此次谈话中是最被排斥的人，因为从三者的语气选择来判断，Fran 成为一个支持性的角色，Brad 在谈话中并没有将 Fran 选做主语，因此无法从语言中判断 Fran 与 Brad 的关系，而 Dave 在交谈中也忽略了 Fran 的存在，在这些因素的共同作用下，Fran 无法真正融入此次交互中，成为被边缘化的一个。

我们不能断定三人在交谈时的语法选择是有意而为之，即 Dave 和 Brad 在谈话开始时便决定忽视 Fran，或者 Fran 和 Dave 一开始就让 Brad 成为此次谈话的主导者。但可以说，这些语言选择使得这个家庭成员组形成了一些固定的相处模式和行为，每当这个家庭成员他们互动交谈时，父母强化儿子的重要性，特别关注父子关系，并让母亲与儿子、丈夫分隔开。从表面上看，这只是很寻常的普通家庭成员间的日常谈话，而实际上这些谈话参与者就是使用这样的交谈方式实现这些模式，从而构建出了一种在白人中产阶级的盎格鲁—澳大利亚人中非常常见的家庭意识形态。

三、对话题的控制

实际上，一些人际意义并不能单纯依靠语气来进行判断，尤其是书面语篇中的人际意义。即便只将研究范围限定在对话中，除了语气，我们还可以通过对话题的控制分析来分析人际意义，如此便可以突破仅依靠语气分析的局限性，如统计各类小句的数量、以说话多少来判断谈话参与者之间的权势关系。以下是一个实例，用以说明可通过分析对话题的控制来判断人际关系。这也是把对主语（约等同于话题）的分析纳入人际意义分析范围的原因。

冈加尔维斯（Goncalves）在《医生与病人的交流：训练医务工作者改变他们的做法》中，收集了大量医生与病人之间的对话，经过一系列的归纳整理后，对两者在谈话过程中对话题的控制进行了研究与分析，发现医生是对话的绝对掌控者。即便在整个交谈过程中医生的话语量很少，但医生规定了此次谈话的结构、内容、话题顺序以及话题推进契机。虽然病人在谈话过程中占用了大部分时间，但他只是回答医生提出的问题，以及应对医生强加给他的话题，这些话题为他的谈话内容、时机、方式和顺序规定了结构。

整个对话涉及了 22 个话题，也可说是提议/反提议。首先需要分析话题控制的模式，从每个话题言语的数量，我们看出病人的话题比医生的话题发展得更为充分，得到的评价也更多。

相比于病人来讲，医生的话题更为简略，提问的问题似乎已经提前准备好，只需要按照计划一步一步完成即可。从说话的数量来看，病人说话的数量更多，会让人们产生病人是交谈过程中的主导者和掌控者的感觉，但如果我们从对话题的控制角度来分析，则可以明显看出医生才是在谈话中占据主导地位的人。在 22 个话题中，由病人引入的话题只有 3 个，约占 13.6%，而医生引入或决定了其余 19 个话题，约占 86.4%。众所周知，在进行日常交谈过程中，参与者有相同的机会来提出和发展他的话题，由此可见，主导此次谈话的显然是医生。如果再进一步考察，就可以发现医生不但引入了 19 个话题，而且在互动的方式上也控制着整个会话。

在这部分对话中，病人首先使用叙述描述了他的呼吸问题，最后使用一个总结性的标志结束整个描述。这时医生打算通过询问病人年龄、患病时长等事实性的问题来改变话题，而病人却利用医生提问的问题进一步谈论他的呼吸问题。

在谈话过程中，病人试图自己找到病因，他又提出了其心脏的话题，但之后又放弃了将心脏作为引起病症的可能原因。然而医生却想进一步谈论或解释一下这条生理医学上的信息，便向病人询问其上一次做心电图的时间，之后医生又将话题引入其感兴趣的领域，包括地点、咳嗽、工作、健身。面对医生的每一个提问，病人都做了简短的回答，在回答过程中也不忘强调其呼吸问题。当病人又试图通过自己的判断来寻找病因时，他又提出了抽烟这个话题，医生便继续这个话题，问病人是否抽得很多，希望可以找到病人真正的病因，病人立刻对医生这个提问进行了回答，医生对其回答进行了评价，并将话题转移到腿是否肿胀等。

显而易见，在病人与医生的互动中，尽管医生的谈话量比病人少，但是医生是话语结构的重要领导者。医生开启谈话，并可以按照自己的兴趣和意愿结束当前的话题、开启新话题，或者直接忽视患者的陈述。

通过以上内容可知，目前语气的研究主要包括两个方面：一方面是概要（synoptic）特征，指语气的选择在总体语篇上的特征；另一方面是动态特征，指语气选择在序列上的特点，如在对谈话步骤的进行逐步分析的过程中，选择具有不同特点的语气，可以为话语表达带来不同的功能。在今后的研究中，我们可以将这两方面结合起来，进行完整的语气分析。

第三节　学术书评中情态表达的人际意义建构

在语言学中，人际意义一直受到研究者们的普遍关注。近年来，对非文学语篇的人际意义研究逐渐成为热点，学术书评是学术语篇中的一种，经常被研究者们作为参考文献资料，真正作为研究对象却很少被重视。

为了探究英语学术书评中情态表达的人际意义，本节以学术书评为语料，使用功能语言学中有关人际意义的研究作为理论框架，对英语学术书评中情态表达的人际意义进行详细的分析和阐述。

一、分析对象

语言学家在研究情态方面有一个从语法到语篇的过程，情态是说话者对一个状态在意愿上、情感上以及认知上的态度。在语言学范畴内，之前的语言学在对情态意义进行研究的时候，重心放在了概念、逻辑、形式等相关问题上，而忽视了语言本身。情态在系统功能语言学中是体现人际意义语气系统的子系统，其将个人的愿望、对他人的要求、对事物发展态势的评判等表现了出来。韩礼德等人对情态有着不同的看法，认为其是通过情态助动词（modal verb）、名物化（nominal equivalent）、形容词性谓语（adjectival predicator）、语气附加成分（mood adjunct）等方式进行表达的。因为情态和语气关联甚密，说者对命题的态度都能通过情态的表达方式体现出来，所以情态附加成分、情态助动词、人际语法隐喻都属于"语气块"的范畴内。

二、语料的选取

学术书评是学术语篇的一种，起到了促进学术繁荣、推广学术成果的重要作用，学术书评中可以体现诸多人际关系，其中可包括书作者、书评作者、真实读者、潜在读者等多个方面，可充分体现人际意义的复杂性。海兰曾在1998年提出，"书评对学科建设和学术团体的融合作用巨大"。学术书评具有三大文体特征，即客观性（objective）、辩论性（argumentative）和评价性（evaluative），这决定了学术书评人际意义的复杂性。领会并掌握学术书评中的人际意义，可以帮助学术书评的受众提高学术阅读水平、学术写作能力，起到了正向积极的引导作用。

三、数据统计

情态关乎的因素非常多，其中讲话者对自身讲述的命题的成功性和有效性所进行的判断、在提议中要表达的个人意愿、在命令中所需承担的义务等是最重要的。渐渐地，情态助动词（modal verb）成了情态意义表达的主要方式。在英语中，情态意义当中的频率或者概率是通过"情态附加成分"表示的。除此之外，人际语法隐喻也归属于情态领域之中，是发话人通过小句表达对另外小句命题的认识或建议。三者之所以能够成为文章着重解析的对象，是因为它们在人际意义形成方面意义重大。作者在功能语法情态意义研究的指导下，统计了 68 567 字语料中的情态附加成分、情态动词、人际语法隐喻等情态表达，发现在书评当中出现最多的是情态表达（出现频率 1 178 次）。同时，出现频次最多的当属情态附加（共计 493 次）和情态动词（共计 577 次），在总数中占比高达 86.9%。其中，人际语法隐喻也达到了 1.58 次 /1 000 字的出现频次。

四、数据分析

我们知道，任何学术资料一定要满足科学性和客观性，才具有说服力。而书评作为学术语篇的一种，其内容也必须是客观且真实的，与此同时，学术书评还具有辩论性和评价性的特征，文中不可避免地会杂糅进一些个人观点。在此情况下，书评作者大多使用情态表达来最大限度地降低其主观性对书评语篇整体科学性和客观性的影响。

当书评作者无法直接表达个人观点的情况下，其会借助情态表达为描述赋予一定的模糊性，以表达对书作者的尊重。在语料中，我们经常可以发现非人称主语引导的句子，采用这种表述方式可以将事实凸显出来，同时书评作者也可以借此方式避免自己对所言内容的真实性做出承诺，以回避可能存在的负面评价，同时维护作者的面子，让书评语篇更容易被接受。

（一）客观性的需要

使用情态表达可以为语言赋予一定的不确定性，增加模糊性，为读者提供更多思索的空间，同时承认所言之词只是书评作者的个人观点，最大限度地保证书评语篇的客观性。书评作者站在书评内容以外，以书评作者个人认知来进行描述，情态的使用可以表明书评作者的立场，即语言内容是个人观点，无法确保书评内容的真实性，这在一定程度上也是书评作者追求客观性的表现。

（二）礼貌原则的应用

在书评中，当情态被用来避免对命题的真实性做出承诺时，我们可以使用礼貌原则来解释这种语义资源的人际意义。作为言语行为，为了表达对书作者的尊重，避免对书作者产生负面影响，书评作者使用 may 来使语气得到缓和，也避免了书评作者自身主观性对读者的影响，增加了书评内容的可接受性。

（三）话语权利的维护

相关研究得出：书评作者具有一种隐含的权威，为了维护话语权利，书评作者需要在书评内容的权威性和让读者认可书评内容之间寻找一种平衡，以维护自己的话语权利，从而增加了书评语篇人际意义的复杂性。此外，书评作者为了让语气缓和，在 definitely 前使用了 should，暗示书评作者不把自己个人观点强加于读者。这种强化和弱化的并存，反映了书评作者对人际意义的重视。

第四节　师生互动话语中的人际意义

一、师生互动话语研究

学校是传授学生知识技能及培养基本道德素养的地方，需要借助各种科学管理手段，通过合理的课程安排实现教师与学生之间的双向互动，以实现教学目标。教学过程中会出现多种互动形式，其中师生互动是最常见的形式，也是最基本的形式。"互动"（interaction）一词最早出现在社会心理学领域，随着对师生互动研究的不断深入，其研究范围也扩展到了社会学、教育学、心理学等学科领域。

课堂中教师和学生之间的关系并不是简单的教育与被教育关系，也不是单纯的主体和客体关系，两者之间的互动关系也不是单向的互动关系，教师和学生两者既是信息接收方，又是信息发送方，信息在教师和学生间不断地循环流转。友好的师生关系能促进师生交互更加流畅地进行，让师生以更加积极的态度投身于课堂活动。

我们在对国内外课堂师生互动的相关研究进行总结后发现，研究内容和结果多具有以下特征：第一，研究内容涉及各类学科，且存在多领域交叉现象，使得课堂师生互动的研究范围更广,且研究也更加深入;第二,理论层面的研究较多,缺乏对具体课堂师生互动实际模式或师生互动行为等的研究;第三,教学模式在逐渐发生改变,传统教学模式以教师传授为主,学生只是被动地接受,而如今的研究焦点则向新课堂模式转变,将教师与学生置于同等位置。随着师生互动研究的不断深入,课堂互动过程不再只是以教师为中心、学生被动接受教师指令的固化过程,而是教师个体与学生群体之间相互影响的过程,这个过程可通过质的研究方法进行分析和描述。在分析课堂师生互动时,我们需要厘清互动的类型和特征,才能为探索高效的师生互动模式提供实践指导。

师生互动的概念也有狭义与广义之分,狭义的师生互动指的是在课堂教学情境中发生的具有抑制性或促进性的相互作用或影响,而广义的师生互动概念范围则有所扩大,涵盖了师生之间的一切相互作用和相互影响。本节则是基于狭义师生互动的视角,聚焦实际教学课堂情景,探讨教师与学生群体之间沟通交流的动态过程,提高课堂互动的效率,并为学生学习外语提供指导。

二、语料分析一人际意义

在本节中,我们将根据师生互动中小句的数量和种类等,分析师生互动活动中的语气和主客观情态系统,从而体现师生互动的现实情况以及师生互动所表现的人际关系意义。

(一)交际角色

接下来,为了说明人际意义是由教师和学生群体间的对话和互动而产生和传递的,我们列举了不同师生互动情境下的小句,根据其语气和情态系统分析人际意义的表达过程。教师在整个课堂师生互动过程中起引导作用:教师和学生之间存在合作的情况,但也存在不配合的情况,而两方都希望可以通过努力增加彼此间的亲密程度;教师试图通过其言语和行为,引导学生的思维和判断。具体分析如下。

语气的相关语法选择:在课堂师生互动中,教师在此过程中发挥了引导作用,而学生则扮演跟随者的角色,受到教师言语和行为的影响。

(1)句子的数量:在下面例1的对话中,教师说的话语与学生说的话语相比,在数量上占绝对优势,并且教师的话语句子普遍较长,而学生的话语句子多半是回应或附和教师的语句,因此学生的话语句子较短,这更加凸显了教师在师生互动关系中的主导和引领地位。

(2)然而学生的句法要明显比教师的句法规范,因为学生在发言之前要经过一番慎重思考，希望能够争取到话语权，所以很少出现语法错误。教师在此过程中使用了不完整语句，因为教师在互动关系中占据主导地位，并不担心会失去话轮，即便停下来进行思考，也并不需要同学生争抢话轮，便能重新获得话轮。

例1：

生1：他们在……，他们找工作没有我们这个专业。

师：那你们是……就是往计算机那个方向靠。

生2：那……靠的话看东西要

师：反正今年的话，那个就业形势的话，他如果营销，我看就是就是那个属于……，如果你说……，你只要自己愿意就业，就有。只不过，只不过是……

（外声）：××，你在干吗，小宋呢？

师：在对面，对面办公室，把我的钥匙找过来！

（录音中断30多秒）

师：……一个就是呢，当时就是扩招，后来基础比较差……

在以上一段录音材料中可以看到，学生有询问教师专业工作的意图，而教师并没有正面对学生的询问做出反馈，而是根据自己的意愿引入了就业形势这一话题。此外，在谈话过程中教师因为个人因素中断谈话三十多秒后，却没有失去话语权，可以继续谈论之前的话题。

（3）在以上整段录音中，教师使用了疑问句，这印证了教师在整个师生互动关系中的主导和引领作用，教师只是在单纯地向学生传递信息，而具体传递的内容却并不考虑学生的意愿，没有给学生回答的时间，而是自行回答了问题，这样做也能让教师保留话语权或引导开启新话题，如下面例2。

例2：

师：单位比较看重经验，为什么呢？他不愿意把你这个新手拿去培训，培训你这个新手，这个如果能够上手的话你就跳槽，是不是？他换个位子，那么多代价培养你，培养到你后来，他决定……（21秒）所以这是一个矛盾。

在上例中，教师提出了一个"为什么"，却并没有给学生回答的机会，而是紧接着给出了答案。教师此时要引导学生的思维，让学生与教师在思维逻辑上保持一致。而"是不是"的使用，一方面是为了验证学生是否认同或者在思索当前话题，另一方面则是教师为自己争取思考时间，因此也不需要学生进行回答。

通过上述三点的分析可得：教师在师生互动过程中通过引导话题而达到了掌握话语权、控制整个会话走向的目的。教师引导话题或掌控话语权的手段包括占用大部分会话时间、决定会话的内容结构和话题序列等。相对于教师，学生在师生互动过程中处于被动地位，大部分话题被教师引导，也很少能掌控话语权，同时出于对教师的尊重，只能通过疑问句来引出话题，并且经常被打断而被迫放弃话轮，只能用"嗯""好的"等语言或是行为肢体动作进行回应，以表明其对当前教师话题言论的看法和立场，以及其自身没有争抢话轮的意愿。

例3：
师：那肯定是这种情况，最起码，最重要的就是这个英语。
生1：还是英语。
师：还是英语，报关员的话，也有一定的作用，因为国贸的学生应该会做报关员，像……
生2：像我们……
师：这个像会计专业的会计证，像一个专业的上岗证一样的东西。晓得吧？

（二）情态

实现交际双方互动的主要手段之一是借助情态。从字面上看，情态是一种态度，体现的是说话者在认知、情态和意愿上对某一种状态的看法和立场。在师生互动过程中，情态可用作凸显说话者的态度、情绪，以表达说话者的主观观点；此外，说话者也可以利用显性的情态来弱化自己的情绪或观点，让自己较为主观的观点更客观一些，材料中此类例子很多。

例4：
师：其实，我觉得那个国……国贸的话，可能不是这个问题。营销、财会是这个问题。营销、财会的学生我觉得都是这个，嗯，觉得不满意。

生：国贸。

师：国贸的话，据这个这个，嗯，可能情况就比较多。因为我们这个99年学生进校以后呢嗯，哎（1秒），这个是属于大片的扩招嘛，是吧？

例5：

师：我问你一个问题啊，你觉得……如果你是（……）的话啊，你觉得你是不是有一点为个人考虑？

生：嗯（2秒）。

师：是这样的啊，我个人觉得，如果说，如果你想考研，这本是一个很好的事情啊，显然是很好的事情。但是，我觉得你的作用，……因为我早就听说你想做助理班主任，怎么就没想过要做点别的什么的呢？我感觉你有点奇怪啊。

上面两段材料可看出，教师用了非常明显的情态方法，将学生的个人问题通过使用"我觉得""你觉得"，为学生"有一点为个人考虑"这一客观问题增加了主观色彩，引导学生跟随教师的思路思考。此类情景下的情态选择在日常生活中比较常见，能够增进教师和学生之间的感情，并为下一次谈话做进一步铺垫。

三、合作原则的运用

我们都是在某种规则下进行日常交际，交际行为要在一定的原则范围内进行。目前语言学界存在多种会话原则理论，其中格赖斯的"会话合作原则"（the cooperative principle）接受度最高，并被广泛应用于各领域的互动研究中。研究者们对教学课堂外的师生互动进行分析后发现：由于教师在师生互动过程中处于领导地位，学生能够很好地遵守师生合作原则，而教师在互动的大部分时间内会按照自己的意愿影响交际进程而忽视合作原则。

（一）学生的合作

在对语料资料进行归纳分析时，师生互动既需要教师的合作，也需要学生的合作，其中学生的合作分为两种形式：表层合作和深层合作。学生的表层合作指的是在师生互动中学生对教师的话语进行了声音或词语上的回应。在例5中，教师引导学生进行自我反思，学生对于教师提问的回应是"嗯"。学生本身并不愿意承认自己"自私"，但由于教师在其中的领导地位，其不得不对此做出回应，这种合作便是学生的表层合作。此外，如果此次谈话能够满足学生的实际需求，则学生会持积极态度，与教师进行深层合作，此类例子也很常见。

例6：
师：你觉得你对你自己的评价是这么样的？
生：我自己的评价？
师：嗯。
生：反正，我觉得……从思想上我觉得思想能够严格要求自己，学习方面我平常也比较刻苦嘛，从生活方面也跟同学接触都是挺好的，朋友也挺多的。缺点的话，就是有些事情处理……我现在目前来说，可能跟老师接触比较少……

学生此次的回答紧扣教师的话题，并且从多个方面进行了信息描述。而学生这种做法的目的是为了在教师面前给自己树立一个努力积极的个人形象，这对于他是有利的。

（二）教师对合作原则的忽略

在师生关系中教师处于主导地位，这使教师在师生互动交际过程中掌握了最大的主动权，因此可以随意地忽略合作原则。在例1中，学生希望教师能够给出建议，指导其在专业限制下如何从事计算机专业的相关工作，但教师多次打断学生，夺取话语权，做出的回答也忽视了学生此次的交际意图，与合作原则不符。此类例子还有很多，限于篇幅，此处不再赘述。

（三）其他

除了以上提到的两点，师生互动中学生处于次要地位的案例还有很多。例如，当教师强调学习外语的重要性时，学生重复教师的话语以示对此观点的赞同和支持；当教师在发言过程中因思路不清而发生中断时，学生适时地提醒话语内容以帮助教师顺利完成发言，却不争抢话轮。这些案例同样体现了利奇的会话礼貌原则。

第六章　跨文化交际中的话语分析研究及教学实施策略

第一节　跨文化交际与传播学

一、构建新型的互动型师生关系——对传受双方关系的调整

传受关系指的是信息传播的作用主体，包括传播者和受传者。传播者发起信息传播过程，是信息传播的源头，而受传者是相对于传播者的接收方，是信息传播的转折点或终点。以课堂教学场景为例，在课堂授课过程中，教师作为信息的传播者发布信息，而学生则作为信息的受传者接收信息，并可能将此信息传递给身边的同学和亲友。传播学领域的专家经过大量的研究后证实，在信息传递的过程中，受传者并不总处于被动地位，只有当传播者和受传者之间具有和谐关系，形成双方间的友好互动后，才能最大限度地发挥传播效能。因此，课堂教学若要实现教师和学生之间知识的无障碍高效传递，则必须改变教师在课堂互动中的主导地位，多利用启发性思维模式引导学生进行思考，让学生真正地融入课堂。此外，教师也需要适时对学生的课堂表现进行赞赏，让学生及时收到正向反馈从而提升其学习英语的积极性，学生与教师之间形成的良性互动可提升英语教学的效率。

二、以教材为基础并适当拓展知识宽度——对传播内容的扩充

教材是课堂教学过程中的重要资料，教师根据教材内容来安排课程。教材内容是课堂的核心传播内容，教师可在既定教材内容的基础上进行知识延展，结合课时安排向学生介绍与教材内容相关的风土人情、文化典故等，如此也可开阔学生视野，提升学生对英语的认知程度，进而加强学生的跨文化交际能力。例如，《大学希望英语》第一册第三单元的讲解中，最后可进行知识扩展，向学生讲解相关的运动知识以及其背后所代表的精神内涵，让学生可借助此内容更加深入地了解东西方文化的差异。再如，《大学英语》第四册中一篇关于 wedding 的课文，介绍西方婚礼习俗，可用四个字来概括——"旧、新、借、蓝"（something old、something new、something borrowed and something blue）。"旧"是指新娘结婚当天所佩戴的头纱必须是母亲婚礼上使用过的，以示对父母生育和培养的感恩之情；"新"指的是新娘婚礼上所穿的礼服必须是全新的，这是纯洁的象征，也预示着全新的美好生活的开始；"借"则是指新娘当天使用的手帕必须是从亲密同性好友那里借来的，以示对友情的珍视；"蓝"则是指新娘婚礼当天所使用的缎带是蓝色的，以示新娘对爱情的忠贞。如此进行教材知识的扩展，既可以提升学生对英语的兴趣，也可以激发学生学习英语的积极性，实现学生专注课堂内容，提升课堂传播效率。

三、巧用现代多媒体技术——对媒介环境的完善

过去教师在进行教学时，主要依靠自身的声音和肢体动作来吸引学生的注意力，传播媒介十分单一。随着科学技术的不断发展，教学设备日益先进，各种多媒体设备被运用到学校课堂教学中，让课堂教学形式不断丰富起来。集文本、图像、声音于一体的教学方式，让教授内容变得有趣起来，在吸引学生注意力的同时也提高了教学效果。通过媒体设备对教学内容的多样化展示，传播内容可通过图像、音频、影视等多种媒介传递给学生，不仅可以极大地吸引学生在课堂上的注意力，还可以向学生讲解英语环境下各国的风土人情、社会文化、自然风貌、政治环境等内容，从浅层次和深层次两个方面入手扩展学生的文化视野，全面提升学生的跨文化交际能力。

四、营造一个愉快而富有激情的课堂氛围——对传播情境的改进

传统的教学模式主要以教师讲授为主，学生发言的机会很少，在这种"一言堂"式的教学模式下学生只能被动接受教学内容，很容易让学生对课堂失去

兴趣。相关研究结果表明，学生只是被动接受教师在课堂中教学内容的教学模式并不是最有效的教学模式，在课堂信息传播过程中需要让学生从被动接收者转变为主动获取者，才能达成课堂教学效益的最大化。而要让学生转变为主动获取者，需要创设课堂情景，营造积极活跃的课堂氛围，提升学生的课堂参与度，从而让学生产生自发学习英语的兴趣。在英国的课堂教学中，最为流行和最受提倡的教育方法是以学生为中心的交际教学法，这种方法非常值得国内的学校和教育机构学习。交际教学法是以培养学生交际能力为目标的教学方法，这种方法的核心理念为，当教师提出一个问题时，学生可能会给出十种不同的答案，教师不会将其中一个答案作为正确答案，而是启发学生通过自己的思考去寻找正确答案。这种民主的课堂氛围让学生一直在思考，对学生创造能力的培养具有强烈的正向引导作用，同时让学生感到放松和愉悦，当有疑问时他们会主动发问，或者说出自己的不同见解。当然我国安静的课堂也可以很好地培养学生严密的语言逻辑。如果取中西方教学方法的优势，创造一种更适应当代课堂现状的全新英语教学模式，在课堂上实现动与静的结合，即在教师抛出话题让学生讨论时，学生运用发散性思维，充分表达自己的观点，而在思考或练习时学生则保持安静，进行理性思考，这样能在很大程度上提升学生学习外语的积极性，从而实现英语教学效率的最大化。

五、培养以本土文化为基础的跨文化意识——对传播策略的原则规定

文化就是"以文教化"，在国家发展中发挥着非常重要的作用，是一个国家及民族的核心价值观和世界观的体现。一个国家或民族若要发展壮大，其中的人民必须要认同并坚守本族文化，这是一个国家或民族不断发展壮大的前提。在与其他国家进行跨文化交际时，我们首先要坚守本民族的民族精神，用本国的核心价值观和世界观武装自己的思想，用审视的目光看待外来文化，借鉴和吸收外国文化的精髓部分。在国内英语课堂教学过程中，教师在培养学生的跨文化交际能力的过程中，首先要培养学生形成对本民族文化的认同感，同时帮助学生构建文化鉴别能力，在尊重其他国家文化的基础上理性地对待他国文化，对待外来文化要取其精华，弃其糟粕。培养学生的跨文化意识，还需要教导学生在人际交往中针对不同的场合采取适当的处理策略。举一个例子，机场接待人员在接待外国客人时，一上来便非常热络地与对方握手，并说："You must have had a tough journey. Please let me help you with the luggage."。大多数情况下，外国客人并不会认为这种行为是友好的，甚至会认为接待人员是

粗鲁无礼的，他可能这样回答："No, no. My journey is OK, and I can manage my luggage."。又如，一位刚步入社会的学生陪同一位将近七十岁的美国客人来到提前预订的酒店，在告别时说："You must be very tired, Sir. You'd better have a good rest since you are old..."。不料这位美国客人非常气愤地说："No, I am NOT old, and I am NOT tired at all."。学生在此时一定会非常疑惑自己的话语为何会让这位客人动怒。其实，出现这种情况都是因为人们在不同的文化环境下形成的思维模式、语言及行为习惯会存在较大差异。在跨文化意识的指导和影响下，人们在使用外语时可自然切换到外语语言思维，准确而又流畅地表达自己的实际意图，从而高效地开展跨文化交际活动。

第二节　语用失误与语用差异

一、语用失误

语用失误可以分为两种：一种是语言语用失误（linguistic-pragmatic failure），另一种是社会语用失误（social-pragmatic failure）。语言语用失误通常包括两种情况。一种情况是直接将本国的语用习惯套用到目的语中来表达，如"I think he is not right."。此种情况表明，说话者不了解西方惯用的思维方式与国内的不同，西方文化让他们认为对某事物进行判断时，这种判断结果是客观事实的一种，而这种判断过程则是人们的主观判断，西方人对主观认识和客观事实之间关系的认识与国内具有很大差异，符合西方文化的表述应该为"I don't think he is right."。另一种情况则是不熟悉英语语言结构而习惯性地使用汉语思维方式来组织英语语句，如"Beijing, I have been to twice."。在英语中，句子结构一般呈现主位（theme）+述位（rheme）结构的特点，而汉语则更加看重主题表达，其特征为主题（topic）+述题（comment），因此此句在英语中的规范表达应为"I have been to Beijing twice."。社会语用失误指跨文化交流中说话者因不了解各自的文化背景而误用语言形式。此类失误还涉及交际双方并非绝对熟悉交际语境和理解话语意旨，因此，由于对同一语境的熟悉程度不同，言说者各自的话语意图和对言说内容的理解不同，话语的适切与否可从语用失误方面去寻找原因。东方人与西方人在用英语交谈时，常出现类似如下的对话。

例如：

Westerner: Your English is very good.
Easterner: No, My English is poor.

日常的问候或交际也能体现出不同文化间的语言差异，中国作为礼仪之邦自古以来非常注重待人之道，在与人交往中为了表现自己的谦逊会故意放低自己的姿态，让对方获得面子来表达感谢之情。但西方人进行言语交际的目的是促成双方之间的合作，因此更倾向于遵循合作原则（principle of cooperation），人们更加关注交际的过程和结果，因此话语内容更加偏向客观事实。

再如：

Westerner: Would you like a cup of coffee?
Easterner: Thanks. That would give you much trouble, I'm afraid.

实际上，单个心理空间（singular mental space）的语句并不具备社会语用意义，因此更容易发生社会语用失误，如"I don't have a car."。只有当一句话中出现多个心理空间，才能形成语用语境，如"I don't have a car, otherwise, I would give you a lift for your destination."。

(一) 跨文化交际中的语言语用失误

英语和汉语的起源不同，尽管两种语言存在某些相似之处，但大部分并不相同，包括以下方面：第一，就语法关系的表达而言，英语是一种综合类语言，而汉语则是一种分析类语言，英语可通过改变词汇、句法结构等表达语法关系，而汉语则只能通过次序和虚词来达成此目的。第二，英语有过去时、将来时等表示不同情景下的状态，汉语却没有。第三，在使用汉语进行表达时，语句结构、表达次序等是相对稳定的，而英语则形式多变。第四，汉语和英语的虚词各有特点。英语和汉语的虚词都是相对于实词而言的，在句子中起到连接和辅助作用，英语虚词包括连词、助词、冠词和介词等，但汉语中没有冠词。对于虚词的运用，英汉同样存在差异，在英语中，改变语句意思常用的手段是运用冠词，而汉语中则更多地使用助词，这是汉语的重要特征，如"我早吃过啦"。同时，汉语中介词的数量也少于英语中介词的数量。第五，汉语和英语区别语义的方法也不相同。在汉语中，改变声调则语句的含义便会发生改变，而英语只通过声调并不能改变句子的含义，需要声调和重音同时作用才能改变语义。

英语和汉语还存在一个显著的区别，即形合与意合。英语在使用过程中若要将句中的词汇或者分句进行连接，则必须使用关联词等手段来表示句中或句间的逻辑关系，即形合；而汉语则不需要借助任何词汇或语言形式和手段，便可以明晰其中的逻辑关系，即意合。在英语中，句子的连接手段较多，且使用频率较高，如关系词、连接词、介词等。汉语则是通过调整语序和使用修辞手法将句子连接起来，使得语句能够完整表达说话者意图。

汉语和英语分属于不同的语言体系，音节及发音规律不同，在发音上有着明显的区别。英语的基本音节分为元音和辅音两部分，而汉语则分为声母和韵母。英语中的辅音 /b/、/d/、/g/ 是不送气的浊辅音，但是在汉语中，b、d、g 是送气的清辅音。英语中的长元音，如 /i:/ 在汉语中就没有与之对应的发音。在结尾方式上，英语可使用元音和辅音作为结尾，而汉语则大部分以元音作为结尾，两个鼻辅音除外。大多数英语学习者在已经完全掌握了母语后才进行第二语言的学习，母语的发音规则势必会对第二语言的学习产生干扰。除此之外，汉语拥有四个声调，可作为区分字和词的依据，以 ai 为例，四个声调代表了不同的汉字，如"哀、挨、矮、爱"；但在英语中，单纯依靠音节无法进行区分，需要结合重音进行综合判断。

在词汇上，英语和汉语中的词语含义及其所涵盖的范围，包括比喻手段等都不是完全对应的，甚至部分词语的含义在中英文中截然不同。在不了解使用英文的国家的文化背景、风土人情的情况下很容易出现词汇的误用，使得跨文化交际受阻。例如，在英文中"wind"的意思是中文的"风"，但"wind"还有其他含义，如"缠绕；上发条；使弯曲；吹号角；绕住或缠住某人"等，而"风"却没有其他任何含义。这种情况是学习英语过程中不可避免会遇到的困难，也会对语言的学习产生干扰。再如，"壮得像牛一样"是中文里常见的形容强壮的句子，这与中国古代用牛耕种有关，但古代英国人是利用马来进行耕种的，因此在英国马才是强壮的象征，但不了解这些历史文化的英语学习者则大多数会直接将这句话翻译为"as strong as an ox"。此外，外语语言习惯与汉语存在很大差距，如在汉语中报纸、电视、电影、风景等都可以和"看"搭配，但是在英语中却要用动词"read""watch""see""enjoy"分别来搭配。英语学习者需要摆脱母语的固化思维，了解或掌握英语国家的文化背景，这样在提升英语流利程度的同时，也能进一步加深对英语的理解，从而确保跨文化交际的顺利完成。

在句法上，英语要求形合，在陈述事物时需要使用介词或者助词等才能让语句清晰地表达意思，同时借助连词等才能显示出语句的逻辑结构；此外，英语的语句比较注重次序，顺序基本是主语、谓语、宾语、状语。而在汉语中，其语句的连贯性并不需要借助某种既定的语法结构或词汇，便可显示出明显的逻辑关系，让听话者能够理解语句的真实含义；另外，汉语对句子成分的顺序并没有固定要求，状语通常放在主语之前。英语学习者需要对以上差异有清晰的认知，这样才不会受到汉语思维的影响。最典型的例子是，在汉语中"虽然……但是……"经常放在一起连用，学生在学习英语时受到此种汉语思维的影响便习惯性地将"although"与"but"连用，而此种用法并不符合英语语法规范。在学习英语的过程中，我们需要时刻提醒自身避免使用汉语的固化思维，熟练切换英语思维，这样才能在跨文化交际中方便、准确地传达自己的真实想法。

（二）跨文化交际中的社交语用失误

东方和西方国家的人们因为文化差异，思维方式存在很大差别。在中国，人们的思维更倾向于迂回曲折，一般通过某种交际方式和语言策略委婉地引入话题，而以英语为母语的西方国家，人们在组织语篇时更倾向于开门见山、直入主题，在交际开始之际便阐明话题，逻辑清晰、有条有理地表明此次交际的意图和观点。在中国，自古以来人们关注的是人类自身的存在问题，这种思维也同样体现在汉语中，使得汉语表达多为主动句，而西方文化的物质与存在的辩证思维让西方国家的人们更加注重事物，因此英语表达中多为被动句。这种思维模式的差异，让英语学习者在学习初期难以适应，思维不能及时切换而导致跨文化交际中的用词不当、句法错误等现象。

同时，东西方文化的差异也让意图表达产生歧义，造成跨文化交际中的误解。东西方人们日常打招呼的方式就是一个典型的例子，在中国人们见面一般会用"吃了吗？""去哪儿呢？""去干什么？"等问候语来打招呼，而在西方文化中，人们和熟人打招呼一般会说"hi""hello""how are you"，或者谈论目前的天气情况。此外，中国文化倡导人们要谦逊待人。为了显示自己的谦虚与大度，中国人在受到他人的称赞时往往会谦虚地用"哪里哪里""过奖了"等回应对方，西方人则更加注重结果，在受到他人的称赞时会直接接受，并用"thank you"来表示对对方的感谢。这种现象同样是由中西方文化差异而引起的，若对西方文化没有清晰的认知，用惯用的汉语思维来组织英语语句，则可能起到相反效果，不利于跨文化交际的顺利开展。

总而言之，我们在进行跨文化交际的过程中，首先需要了解两国之间文化的差异性，提高对该国文化背景的认知水平；其次需要认识到两国语言在语用结构上的异同，通过对两种语言进行对比，发现两种语言在使用过程中的差异；最后需要增加对目的语读物的阅读量，以了解外国的社会背景和风俗习惯等，让自己融入目的语的语言环境中，训练自己的外语思维，从而提高自己的目的语运用水平。为了避免外语使用过程中的语用失误，学习者需要掌握流畅切换语言思维的能力，避免出现套用第一语言语言结构的情况，降低跨文化交际的成本，提高交际的效率和效益。

二、跨文化交际中的语用差异

语言是文化的另一种体现，在跨文化交际过程中，具有文化差异的人由于各自的语言差异和语言运用习惯不同，在交流过程中会产生误解和冲突。不同语言有不同的起源，文化观念的不同导致当不同文化的人在使用语言来描述同一客观事物或现象时，言语中会表现出不同的文化意象，导致交际者之间在话语传递的过程中并不能很好地理解对方的真实意图，甚至会造成误解，致使跨文化交际中断或失败。

在跨文化交际过程中，两国之间的文化差异也会体现在行为方式上，特别是表现在言语行为上。因此，在学习和使用其他国家的语言时，学习者不仅要注意该国语言背后的文化，还要注意其言语行为。学习者在学习过程中必然会产生认知上的差异，因此如果对这些差异没有一个明确的认知，学习者在使用外语的过程中极易出现误用词汇等失误，甚至所说的话与所要表达的真实想法大相径庭。

中西方各国文化的差异导致了多种跨文化交际失误甚至是冲突等问题，这些差异从语言层面来总结可分为五个层面：一是词汇空缺（lexical gap），由于文化背景不同，在一方语言中可能无法找到词汇来准确描述另一方语言中的事物或概念，如较为抽象的宗教文化，西方的宗教与东方宗教因意识形态存在差别，会出现西方宗教的概念在东方宗教中找不到相应的词汇来表示的现象，反过来也是如此；二是词义错位（misplacing of meaning），指两种语言中对应词在不同文化背景中引发了不同的联想意义，如"a green hand"中的green 有"young or unripe"义项，因此此短语的含义并不是字面意思，而是代表"生手","white night"表述的是"因事件情节引发出激情",因此在汉语中可翻译为"不眠之夜";三是语义空缺(semantic gap),其所指的是某一词项的意义在此语言中比在彼语言里更为宽泛,如龙在汉语中的意义广泛,比英文 dragon 要宽泛得多;四是句法差异(syntactic differencials),造成句法差异及语法结构差异的根本原因是两种语言背后的思维方式不同,汉语更注重语义表达,而英语则需要借助关联词才能传递出真实的语句含义;五是语用失误(pragmatic failure),指的是由于中西方文化背景的差异,中西方人们的惯用思维并不符合两国的风土人情,进而影响跨文化交际参与者之间意图传递的准确性。

第三节 英语跨文化交际教学实施策略

一、构建"交际—结构—跨文化"英语教学模式

近年来,语言学界的研究者们逐渐认识到语言的文化内涵对语言运用的重要影响,并且将外语教学中的文化素质培养放在了更重要的位置上。学界对外语教学和文化素质培养之间的关系进行了讨论,目前主要有三种观点:文化教学从属于语言教学,文化教学与语言教学同时进行,文化教学融入语言教学[①]。虽然是三种观点,但有一点是共通的,即外语教学一定要包含文化内涵的教学。实际上,语言与文化是一个相互关联的整体,文化依托于语言而存在,同时文化中又包括语言,而文化意识是语言交际过程中的思维基础,文化内涵是语言交际的具体内容。那些英语教学的成功案例,关键在于其注意到了语言的交际属性和文化属性,并将两种属性融合到日常英语教学中。此外,人们在语言交际实践中对语言的结构规律进行总结和归纳,在社会文化活动中完成语言的交际行为,因此如果对语言的结构规律没有清晰的认识,对文化背景知识缺乏积累,对文化内涵缺乏了解,跨文化交际则会面临失败的风险。根据这一观点,外语教学可以从交际体验、结构学习、跨文化意识三方面入手。这个教学方法可以归纳成"交际—结构—跨文化"教学模式(communicative, structural and intercultural teaching mode)。

---

① 曹文:《英语文化教学的两个层次》,《外语教学与研究》1998 年第 3 期。

（一）交际体验

在跨文化交际中，交际双方必须以认知交叉点为基础进行谈话，才能继续推进跨文化交际的进程，而在此过程中，交际双方也需要对各自的语言特点有一定的认知，如此才能对当前的语境有明确的判断，并就共同话题继续讨论下去。此外，对语境的正确判断还需要背景知识、情景知识等语言外知识。交际能力的产生和培养需要知识和技能，这两者也是形成交际能力的起始条件和基本要素，交际能力需要以交际者自身的知识为依托，而在具体的实践过程中需要以技能为手段来完成具体活动，知识和技能都属于交际过程中自我调节机制的组成部分。交际能力可以被划分为经验范畴，属于系统化、概括化的个体经验。

在课堂教学实践中，课堂教学实际上是师生双方共同完成的互动过程。在教学过程中，教授与学习、教师与学生之间存在着一种本质的关联，促成了实际教学活动中交际的顺利进行。其中，教与学是一种相互影响的双向交际关系，教师在教授学生过程中不断影响学生的学习情况，以及学生自身的个性化发展，教授与学习并不是一种单向的活动，而是一种双方互动交际的活动和过程，教师的授课能让学生学习到各种知识和技能，同时帮助学生找到其适合的发展方向；相反，学生同样能对教师产生影响，教师会在教学过程中根据学生的反馈和表现调整教学方案，因此在课堂教学实践中，师生之间的交际是双向交际。在很大程度上，教学过程实际上是师与生之间的一种交际活动，而师生关系则是教学过程中最基本的一种关系模式。

语言学家克莱尔·克拉姆契（Claire Kramsch）指出："语言是在文化环境也就是交际的内在和外在环境中学到的。"[①] 自1980年后，交际化外语教学法逐渐兴起，外语教育界的研究者们深受这种理论的影响，并将其付诸实践。实际上，语言观和语言学习观奠定了中国语言教育工作的开展方向及语言能力培养力度。交际化外语教学理论更加注重语言功能的发掘，其目标是培养和提高学习者的交际能力。交际化外语教学理论聚焦于语言的运用，认为语言的功能是交际。实际上，我们在进行外语学习的过程中便可以体验到两国文化的差异。在以往的外语教学活动中，人们更多关注的是对学生的输入，忽视了输出，交际化外语教学则认为输入和输出应该被放在同等重要的位置上。实际上，学习者在进行语言输出的过程中会不断训练其外语思维，提高使用语言的流利程

---

① Claire Kramsch, "From Language Proficiency to Interactional Competence," *The Modern Language Journal* 70, no.4（1986）: 366-372.

度，同时能刺激学习者进行更多的思考，从而形成额外可理解的输入，而后可理解的输入又可以刺激外语的使用和学习。交际化外语教学同样强调交流活动，认为语言学习者之间应该进行交互，针对学习过程中各自遇到的问题进行探讨，从而预防和纠正自己的思维偏差，交互手段包括探讨问题、论述观点等方式。此外，在外语教学过程中，交际化外语教学理论认为在让学生对语言形式产生全面认知的同时，需要教导学生认识语言的功能，以便学生能在不同的交际场景下选择恰当的语言形式，顺利完成跨文化交际活动。

语言学家弗里斯（Frith）认为，交际能力应该包括听、说、读、写、社会文化能力五个方面。交际化外语教学是一个双向的跨文化传播和获取知识的必要前提和手段，其任务是向学生传授语言基础知识，训练学生的基本语言技能。教师在教学过程中需要注重提高学生对文化差异的敏感性，培养学生根据不同的文化背景切换语言思维的能力，以提高文化的理解和分析能力为出发点培养学生的语言思维，从而使学生的跨文化交际能力能够获得实际的进步。我国交际化外语教学需要对我国学生目前普遍存的两个不足之处进行改进：①在进行跨文化交际过程中不会根据文化背景切换恰当的交际方式；②对外语交际的规则和模式认知模糊，进而导致交际失误。对此，英语教师应对交际能力所涉及的各种因素做更加深入的调查研究，对不同文化的交际规则和交际方式进行对比性研究，培养学生在交际化外语教学中的文化认知能力，从而使学生得体地进行外语交际。针对以上两种情况，英语教师应该深入了解学生在跨文化交际过程中面临的困难，并针对这些困难及时进行教学方案调整，从而提高学生对外语语言环境的感知能力和对语言技能的运用能力，帮助学生获得得体从容的跨文化交际的能力。[1]

（二）结构学习

在外语教学过程中，我们应该重点培养学生运用英语语言结构的能力，具体教学内容包括培养学生运用英语语言结构的能力，培养学生正确选择词汇、创造性地运用词汇组句成文的能力，培养学生根据所处的语言环境运用英语与他人进行交流的能力。教师在教学过程中需要注意处理好语言知识和语言运用的关系，在设计实践教学活动过程中要突出交际思想，并以学生为主体进行教学实践，以培养和提高学生的语言能力（linguistic competence）和语用能力（pragmatic competence）。

---

[1] 刘学惠：《英语学科之视角素质教育的课堂教学特征》，《课程・教材・教法》1999年第4期。

教师在进行英语教学的过程中，应注意遵循英语教学的规律，根据学生的认知规律，从简到繁、由浅入深、由粗到细地引导学生进行词汇和语言形式等语言知识的学习。词汇和语言知识是学习外语的两大基石，通过语言实践活动和技能活动，学生可以从中获取自身需要的外语运用技能和经验，从而提高英语交际能力。

（三）跨文化意识

想学习好外语，我们就需要多方面了解外族文化，还要更多地了解外国的语言、社会知识以及历史等。当学习者对某一种语言产生了浓厚的兴趣，并且对这一语言的表达方式以及语言的结构充满好奇时，其在学习的时候就会饶有兴趣地探知这一新鲜领域。相反，如果学习者对外族文化存在轻蔑、仇视或者厌恶的态度，则很难去接受这门语言，遇到困难时也极容易放弃。学习者会认为学习外语的难度超出了其自身的承受范围，并无法将外语表达与母语做清楚的区分，因此对外语学习持畏惧态度，学习效果当然会大打折扣。此外，学习材料是否丰富生动、逻辑通顺、内容翔实，教学活动是否有趣，是否能吸引学生积极、认真地参与，这些都会影响学习者的情绪和学习效果。教师的个性也是学生改变外语学习态度的一个重要因素。

下面的例子能够充分说明语言文化背景知识在交际中的作用。

（1）A: How is she?

B: A couple of pills will cure her.

（2）A: How is she?

B: She will be hospitalized.

（3）A: How is she?

B: An ambulance must be sent for at once.

B 似乎没有直接回答 A 的问题，没有说某人病情究竟如何，但基于双方共有的常识，B 的话却是对 A 的问题的恰当回答。

文化背景知识也包括交际双方所处的文化规范和行为准则，以及特定文化的会话规则，学习者除了掌握词汇、语言结构等内容，对文化背景知识的学习和了解也不能忽视。众所周知，中国人在交际时更加注重自己的德行，崇尚谦卑待人，在对方表示对自己的肯定和赞扬时，往往会以否定来表示自己的谦虚；而英美文化与东方文化不同，英美人的思维方式更加直白，目的性强，在面对对方的夸奖时一般会直接接受。例如：

A: You speak beautiful English.
B: Thank you. I had very good teachers in the university.

上面 B 的回答是十分自然的。相反，如果 B 的回答是："No, no, my English is very poor."，反而会使对方感到不可理解，这就是由于缺乏共同的文化背景知识而引起的语言交际障碍。

"交际—结构—跨文化"模式是指在教授英语的全过程中，在训练听、说、读、写技能的同时，通过贯穿始终的中西文化对比，使学习者获得跨文化交际意识和能力，从而培养出英语运用准确、流利、得体的跨文化交际者。

这种"交际—结构—跨文化"模式与国内大多数英语学习者现状比较适配。大多数人是在掌握母语以后才会进行第二语言的学习。对中国的英语学习者而言，由于汉语和英语属于两种不同的语言体系，有着不同的起源，国内人们的语言思维和文化思维与西方国家人们的语言思维和文化思维大相径庭。汉语语言文化和英语语言文化的巨大反差也在一定程度上促进了国内语言学习者的学习热情。从心理学角度分析，事物越是相异就越能构成刺激，也就越有助于认知和标记。这种教学模式之所以能够覆盖整个英语教学过程，是因为文化在语音、语法、词汇和对话、篇章乃至认知模式各个层面上都有体现，深深影响着整个语言学习过程。在英语各阶段教学中，教师需要时刻向学生传达两国之间的文化差异，让学生形成语言文化潜意识，使其将目的语文化因素融入语言使用过程中，自觉进入目的语的思维和认知模式中，让学生在清醒地认识到中西方文化差异的前提下，主动地解决对基本语言技能产生影响的文化问题。

二、提高英语教师的素质

（一）丰富英语教师的教学知识

在学生进行英语学习的过程中，英语教师发挥着不容忽视的引导作用，这也直接决定了其培养学生学习习惯、指导课堂活动的职责。这就要求英语教师要不断加强自身学习，树立终身学习和终身发展的观念；在教育教学中不断总结反思，学习科学的教学理念，采用先进的教学模式，在教学研究中学习，并结合实践针对教学策略做有益探索。

教师在教学活动中首先应该对学生群体特征进行充分的调查，之后再根据英语学习的要求和英语本身的语言特征制定教学方案，以激发学生学习英语的积极性，让英语教学活动能顺利开展。

一个成功的外语学习者首先应该是一个全面发展、身心健康、人格完美的人，这一点是和我们当前大力提倡的素质教育理论不谋而合的。要想成为一名优秀的英语教师，其首先要不断学习新的英语知识，提高自己的英语专业水平，其次必须要提高自身教学水平，当好课堂总导演，采用课堂教学新模式，创设英语教学中的语言环境，让学生在体验和实践中提升自己的英语运用水平。教师可以经常收听、观看英语节目，阅读英语报纸书刊，浏览教育网站，丰富教学相关知识，掌握最新的教学动态和先进的教学知识。

（二）增强教师跨文化教学意识

在英语教学过程中，教师应以文化教学为主，词汇、语言结构等教学为辅。英语知识和文化背景是教师备课的主要内容，在教学过程中可采用的方式多种多样，如教师在向学生们讲解中西方社会文化背景知识的时候，可以借助英语教材以此将学生们的跨文化交际意识进一步提升上去，也可以通过 free talk 做文化讲座，丰富学生们的文化知识。

在国内的英语教学课堂中，学生的语言输入和输出主要依靠英语教材、英语课堂，以及英语教师的传授。在此情况下，英语教师的专业水平和文化素养会影响教学工作能否顺利开展。教师在进行备课和实际教学过程中，要将培养学生的跨文化交际能力放在首要位置，在提升自身英语专业水平的同时，也要加强对西方地理概貌、风土人情、交际礼仪等背景知识的学习，在教授英语语言知识的同时，帮助学生梳理中西方文化的差异，让学生形成一种自我纠偏意识，避免将汉语式思维套用到英语的使用中，培养学生用英语的思维模式思考的习惯，让学生逐步形成社会文化意识或跨文化意识。由于社会文化的变化也会影响语言的使用，英语教师也需要随时追踪所学语言的最新变化。

总而言之，跨文化意识的培养是一项综合性工程，既要培养语言和交际技能，也要培养文化素质。英语教师提高文化素养的途径是接受专业培训，学习英语文化课程，深入细致地了解英语国家的历史、文化、传统、风俗习惯、生活方式甚至生活细节，为改善英语教学创造条件，从而处理好语言教学和文化教学的关系。

（三）改进教师的课堂教学方法

自改革开放以来，我国便开始注重素质教育，并将其作为关系社会主义现代化建设全局的一项根本任务。因为素质教育是一种开放性的教育,目的是将受教育者的素质全方位提升上去,所以素质教育应该给受教育者提供一个和谐且愉快的学习环境,传统的教育形式使教师和学生之间的关系非常紧张,同时学生们的交际欲望也在很大程度上被压制了,使得他们在学习上失去了主动性和创新思维。

基于此,首先,师生在课堂上应当是平等、通力合作的,也应当是有感情地进行交流的。这样一来,师生之间的双主体作用才能充分体现出来。在课堂上,要坚持以教师为主导、学生为主体的教学原则。教师在授课的时候要生动有趣,极具热情,也因而使得学生的学习态度发生转变,同时对学生们的学习和演练起到正向引导作用。

其次,英语课堂教学在学生养成良好学习习惯方面要起到一定的帮助作用,让他们自我学习,并借助一些有利的条件处理问题,进而营造生动的语言环境,从根本上改变传统的英语教学模式。例如,可以通过英语话剧比赛活动、英语角等养成良好的学习英语的习惯。 再次,英语课堂要培养影响师生情感的积极因素。一般情况下,具有心态乐观、性格随和、待人热情等正向性格特点的人,相比于具有相反性格的人,其外语学习取得成功的概率要明显更大一些。此外,在学习外语的过程中,学生会不可避免地出现一些颓丧、焦虑等负面情绪,外语教师作为课堂领导者,以及教学活动的组织者,应该时刻关注外语学习者的情绪。 在教学课堂上,教师和学生通过自身身体姿态和行为影响着彼此,传递各自的意向,并对对方的行为做出相应的反应;教师可通过眼神与学生交流,在讲课过程跟学生进行互动,让学生时刻跟着教师的思路走,并让学生产生参与感。

最后,教师要树立跨文化交际英语教学观。在英语教学中,教师应该同时具备微观层次和宏观层次上的认识。具体来说,在微观层面,教师应该对中国文化和英语所代表的西方文化在语言层次、非语言交际、思维方式、叙事结构以及社会语言等五个语言文化层面的区别有清晰的认识和界定;在宏观层面,教师应该认识到,英语不仅仅体现英美文化,还体现了西方甚至是世界文化,而英语和汉语所反映的文化,其共性要大于差异。汉语文化并不是孤立、保守、封闭的文化,而是一个开放的多元文化的综合体,因此教师在进行外语教学时首先要做到的是消除异域文化的侵入感。

经过以上分析可得,改变传统的英语教学模式可以从以下几点入手:第一,教学应以口语流利为主要目标;第二,学生应成为课堂教学活动的中心;

第三，在教学过程中，应以启发和讨论为主要教学方式；第四，将竞争作为推动学生学习英语的一种正向刺激手段；第五，外语教学的最终目的是确保学生进行无障碍的跨文化交流。

三、施行英语教学跨文化训练

跨文化训练的方式在不断更新，从一开始只能依靠讲课，到目前使用多媒体以及其他手段，已经经历了几个不同的发展阶段，总结起来大致有以下六种方式（图6-1）：

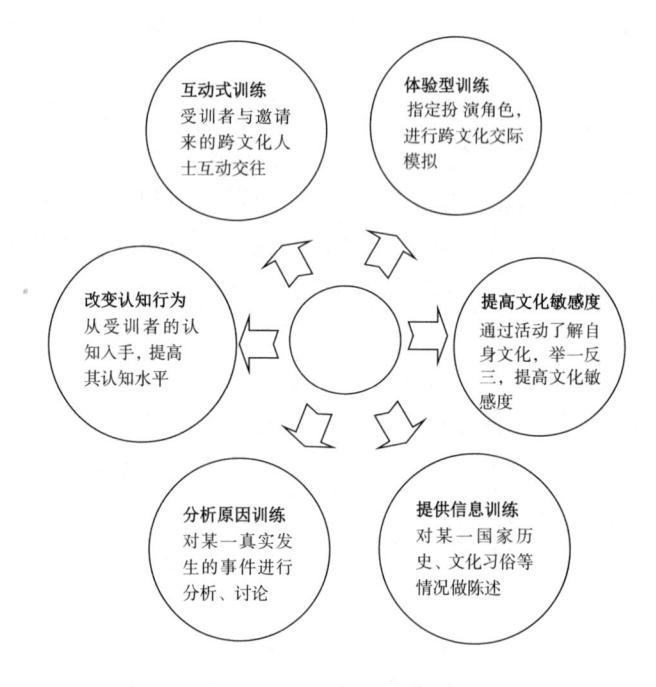

图 6-1 跨文化训练方式

以上六种方式并不是相互排斥的，各种方式可以交叉使用，也可以根据教学实际情况进行自由搭配，以达到最好的效果。

在实际的跨文化交际过程中，由于双方之间文化背景存在或多或少的差异，一般情况下双方为了交际能够顺利进行，常常会做出妥协和让步，放弃一些本国做法，采用对方的一些做法，以达到跨文化交际的目的。

第七章 话语分析之旅游话语分析

第一节 跨文化视域下旅游文化外宣翻译分析

随着国际间交流与合作的日益频繁，跨文化交际备受人们关注。旅游景区作为我国优秀传统文化对外传播的重要窗口之一，承担着充分展示我国特有文化元素、传播好中国声音、用文化向世界介绍中国的重要职责。而跨文化视域下旅游文化的外宣效能也逐渐发挥着越来越大的作用，成为对外推介文化和吸引国外游客的重要载体。

在跨文化传播中，语言作为交流和沟通的主要手段，与文化紧密相连，是文化的载体。因此，在跨文化视域下旅游信息在对外宣传中如何更恰当地英译，如何将中国特色更好地凸显出来，对提高外宣翻译质量，增强我国文化旅游吸引物的魅力，提升我国旅游文化的影响力，起着至关重要的作用。

一、旅游文化外宣翻译的特点

首先，在交流方式上拥有开放性。为了顺利地将我国旅游文化和国际流行的多元文化相结合，从事旅游文化外宣翻译的人员在进行外宣翻译的时候需要确保和外国游客的双向交流，并且在翻译的时候需要使用合适的信息载体。在坚持客观事实、保证旅游信息准确的基础上，翻译人员要研究不同国家语言在文化层面上的共性，通过翻译文本，用开放、平等的态度和外国游客进行互动，使外国游客产生对中华文化的认同感以及身在中国的归属感。这样翻译文本才可以使外国游客在旅游交际中感受文化差异的同时，也能够充分感受到文化之间的共性，达到对外宣传旅游文化的目的。

与此同时，外国游客在分析和揣摩外宣翻译文本的时候，能够认识到不同文化深度融合的重要作用，从而促进多种文化形态的相互交流。从事旅游文化外宣翻译的人员需要将目的语文化和源语言文化中可利用的文化资源整合在一起，推进不同文化中的交流沟通，缓解差异较大的文化中出现的矛盾。因外宣翻译本身具有受众多样性和翻译策略灵活性等特点[①]，翻译人员还需在尊重原文内涵和语义的基础上，不断调整翻译的措施，使用目的语中和汉语表达方式相似的词语和句型，将外宣翻译在文化层面中的传播作用充分发挥出来，找到对应的翻译词汇，保证用词的准确性，同时将我国旅游文化的文化特质展示出来，达到向世界宣传中国文化的目的。

其次，在跨文化互动上拥有流畅性。旅游文化外宣翻译在一定程度上可以提升跨文化互动的便捷性，使世界各国人们可以利用旅游外宣文本进行互动，使有不同文化背景的游客可以构建共识。另外，合理规范的旅游文化外宣翻译文本还可以提升不同国家和民族的人们的文化理解能力，突破现存的影响跨文化互动的知识约束。旅游文化外宣翻译工作者需要站在具有不同文化背景的游客的角度，研究和思考翻译文本的价值，分析是否存在容易引起文化冲突的错误表达形式，将外宣翻译的文化交流纽带作用充分发挥出来，同时要避免使用汉语思维翻译外宣文本，而应用准确、真实的语言描述旅游景点，将文本句式的逻辑性以及内容关系表现出来。除此之外，还要充分考虑外国游客的语言表达形式，消除影响翻译效果的文化因素，尽量使用贴近目的语游客思维方式的方法翻译具体的文本，使外国游客可以准确理解我国旅游文化的独特文化内涵。

二、跨文化视域下旅游文化外宣翻译中存在的问题

（一）不够重视旅游文化外宣翻译

同时，由于大多数从事旅游外宣翻译的工作人员对国外文化了解不深，不能准确、合理地使用外国语言表达我国的文化，对翻译内容以及翻译措施的研究不够透彻，对于中文文本的翻译还停留于表面，不能将我国文化的内核以及人文价值体现出来，致使外国游客对我国的传统文化、民风民俗和生活习惯等存在误解，旅游外宣效果不佳。

（二）目的语和语言表述存在较大的偏差

我国旅游文化语言表述含蓄，不够直观和生动，外国游客难以理解其所

---

① 曾剑平：《外宣翻译的特点及原则》，《南昌航空大学学报（社会科学版）》2018年第1期。

表述的内容。而且当前从事我国旅游外宣翻译的大多数人员更习惯于用中式思维完成翻译工作，转译后的文本中会出现不符合其他国家语言文化习惯的一些表述，导致外国游客不能理解具有中式思维的翻译内容。有些翻译人员不能充分考虑汉语和其他国家语言表述形式的差距，不能按照目的语的语言表述习惯深层次处理译文内容，不能按照行业的规定统一对个别行业的专业术语进行翻译，容易出现形容词表述错误、语法错误等现象，进而与外宣翻译的目的背道而驰，译文的规范性较差。

（三）译文质量不达标

因从事我国旅游文化外宣翻译的部分人员在跨文化翻译思路上有一定的局限性，所以外宣文本的翻译质量不高。例如，简单地将中文景点说明书或推介材料翻译成目的语，不能对具体的翻译文本进行详细、精准的校正，在翻译具有深刻文化内涵或复杂词汇、语句时精准性不够，经常出现用词不当或者是句式混乱等情况。

文化旅游本身是要给游客带来精神享受，使游客在异地获得异域文化知识并保持心情放松的，因此旅游文化外宣翻译在文本风格上需具有一定的审美性。目前，我国部分旅游文化外宣文本还存在相对缺乏艺术性和简洁性等问题，其在表述方式上不能将相应的旅游文化的价值呈现出来，导致外国游客在阅读时，不能充分感受到旅游景区文化的特征和吸引力，对旅游文化的传播以及跨文化交流有一定的影响。

三、提升跨文化视域下旅游文化外宣翻译质量的措施

（一）凸显典故和历史文化内涵的类比

在旅游文化翻译中，译者经常会碰到具有特殊含义的文化负载词。面对这些负载词，译者翻译时需要最大限度地保留其文化内涵，保留原词的特殊性，还要考虑游客的接受度。[1]比如，将孔夫子比作希腊的亚里士多德（Aristotle），将梁祝解读为西方的罗密欧（Romeo）与朱丽叶（Juliet），经过这样创造性的转变，翻译文化的互动性被充分展示出来。另外，考虑到国外游客的历史文化背景，在翻译实践中，译者可采取增补、删减与重构的翻译策略[2]，进行意义联想。面对需要读者深入了解的名胜古迹以及历史经典，译者可以在加工原文

---

[1] 郭振龙：《跨文化视角下北京旅游景点外宣翻译研究》，《海外英语》2021年第10期。
[2] 刘辰：《目的论连贯原则的翻译研究》，《佳木斯职业学院学报》2018年第1期。

的同时解读其深层次的文化内涵，以解释＋注释的方式进行翻译。因此，如果直译表达不出其潜在含义，那么添加说明或文化背景显得非常有必要。[①]这样，在旅游文化外宣中含有特殊文化内涵的信息就能冲出文化上的束缚，有效地促进两种文化之间的交流，提升跨文化交际的默契，达到外宣预期的效果。当然，在外宣文本翻译中，译者也要重视翻译对旅游的促进作用，充分考虑译文文本的社会效应。

（二）借助简化翻译防止出现复杂的词语

为了让外国游客对旅游景点以及当地文化特征有足够的理解，译者在翻译介绍旅游文化和旅游景点的文本时，应采取简化翻译的措施。在使用不影响外国游客理解的词汇的基础上，译者可适当地删减，尽量使用直译以及音译等基本翻译方式，将汉语拼音的作用充分发挥出来。在确保准确、直观传达重要信息的基础上，使用拼音翻译各个景区的名称和可供观赏的内容，可有效提升翻译文本语言的精准度。与此同时，翻译人员需要全面考虑影响翻译质量的原因，删减我国已有旅游景点宣传文本中比较模糊、复杂的表述形式，省去中国文化独有的特殊概念以及表述形式，以使景区的介绍文本可以满足外国游客的需要。此外，还要充分考虑外国游客的不同文化背景，借助类比方法翻译介绍文本中和中国历史有关的内容。比如，翻译人员在翻译兵马俑景点资料的时候，将"秦始皇"直接翻译成"Qin Shihuang"这样的拼音，为了降低外国游客理解这个景点历史价值的难度，把这个景点翻译成"Terracotta Warriors and Horses of Qin Shihuang Mausoleum"，这样可以突出景区的历史属性及其包含的文化含义，提升表述的精准度，防止外国游客因为对中国历史文化不了解而对翻译的内容有些许错误的理解。

（三）构建完善的翻译人员评价体系

坚持翻译人员队伍交替的原则，使尽可能多的人专业从事旅游文化翻译工作，使他们形成团队意识，提升工作效能。要坚决实行翻译人员民主监督制度，增加译者的主动权，使其更好地参与到旅游文化对外宣传服务工作中，切实为我国旅游文化的跨文化传播做实事。构建并形成多样性的评价体制，完善形成性评价的内容，在考核译者的翻译能力、翻译水平、工作态度的基础上，将创新能力、表达能力、自我监督、管理能力也纳入其中。在评价标准上，以

[①] 黄力扬：《目的论视角下的"多彩贵州"旅游外宣英译研究》，硕士学位论文，贵州民族大学文学院，2010 第56页。

激励为核心,充分挖掘译者的能力优势,帮助其构建旅游文化知识体系,使其树立自信心,拥有更多的工作热情。与此同时,坚持灵活性的原则,构建的评价体系不能只评价个人形象,需要进行整体评价,不断修正旅游文化外宣的标准,提升外宣文本的翻译质量。

(四)加强翻译文本的内在结构

为了使外国游客更好地理解和感受我国旅游景点的优秀文化内涵,外宣翻译人员要确保外国游客在阅读翻译文本时,接收到的消息是客观且准确的。首先,翻译人员在外宣翻译中,尽量不要受汉语的表达形式以及思维的影响,在还原原文具体含义以及语境时,要不断调整翻译文本的结构,对语言进行深层加工,重新构建文本结构,降低外国游客阅读旅游文化宣传文本的难度。其次,翻译人员要控制旅游景点介绍文本和宣传文案的篇幅,缩减词量,做到短小精悍,尽量将翻译文本中的词汇数量控制在200个左右。翻译人员在翻译的时候不要过多地使用形容词描述具体的文化概念和推介相关的旅游景区,可以指引外国游客阅读设置科学且合理的小标题,精准、详细地将我国旅游景区的观赏内容传递给国外游客。

在旅游文化外宣文本翻译中,翻译人员要尽量降低文本的理解难度,将重点信息根据顺序整理出来并分类处理,保证外宣翻译内容有较强的逻辑性,避免出现逐字逐句翻译的情况。将形式各异的文化信息从不同的角度展示出来,可以弥补思维方式层面存在的差异,确保译文和原文的体裁以及词汇数量等保持高度一致。翻译人员在翻译的时候要坚持基本的翻译原则,达成跨文化沟通的基本目标,尽量用外国游客经常使用的词汇完成翻译,避免使用不符合外国游客习惯的文化表述形式以及语言表述形式。

综上所述,跨文化视域中的旅游文化外宣要以提升文本翻译质量为突破口,以提炼旅游文化内涵、完善译者评价体系及加强文本内在结构为手段,提升我国旅游文化的外宣效果,吸引更多的国外游客来中国旅游,进而扩大我国文化的影响力。

第二节 跨文化视角下旅游景点名称翻译与导游语言分析

景点名称的翻译对整个旅游活动有着非常重要的作用,导游需要格外关注语言翻译及表达的准确性,确保游客能够理解其中的意思。导游在面对国外游客时,要给予其充分的尊重,学会换位思考,足够了解不同国家之间的文化差异,提高涉外旅游服务质量。巧妙地应用各种翻译技巧以无限接近景点名称本身的内涵,可以拉近两国文化之间的距离。本节阐述了跨文化意识与旅游景点名称翻译、景点名称的功能、景点名称翻译的现状、景点名称翻译的实践原则几部分内容。

当前各个国家之间的交流十分紧密,而且我国很多的名胜古迹吸引了许多外国友人。作为文化交流方式之一,导游在介绍景点时需尊重各个国家的文化差异,保证所传达的内容准确无误。但是,由于语言差异,很多中文无法被直接翻译,加大了景点名称翻译的难度。

一、跨文化意识与旅游景点名称翻译

(一) 跨文化意识

各个国家都有自己的文化。由于每个国家的历史及生活习惯不同,每种文化在内容上均存在一些差异。文化具有兼容性,各个国家之间的交流十分紧密,因此或多或少会发生文化的碰撞。我国的文化也并非是一成不变的,在发展过程中会不断取其他国家文化之精华去其糟粕,将优秀的文化提取出来并不断继承和发扬。文化具有很强的包容性,不会格外排斥其他文化,在充分尊重国外文化的同时有着较强的文化自信。在进行旅游翻译时,翻译人员先要充分了解两国之间的文化,尊重文化差异,保证翻译文本的准确度。

(二) 旅游景点名称翻译

在对旅游景点进行翻译解说时,翻译人员要客观对待,避免添加过多的主观想法,从而使翻译失去真实性。对旅游景点相关信息的翻译对旅客来说十分重要,它能使旅客更加高效地获取信息,因此翻译人员要具有严谨的工作态度,所翻译的内容要能被旅客理解。因为文化不同,针对不同的景点,翻译人员需要采取不一样的翻译技巧,避免产生误解。翻译人员先要充分了解旅游景点的风土人情,将翻译技巧和当地的实际情况有效结合起来。翻译人员不要过度解读旅游景点,避免和实际情况偏差较大,失去翻译的实际意义。

二、景点名称的功能

(一) 身份识别功能

景点名称体现着当地的文化特征,有的景点因所在地理位置和特征而得名，有的景点因当地的文化习俗而得名，所以在翻译时需要格外注意。由于一些景点名称包含较为深刻的内涵，倘若将这些文化内涵全部翻译出来不仅会使翻译较为烦琐还并不利于旅客理解，所以部分景点名称所采取的方式是用汉语拼音翻译景点名称。这样的翻译方式虽然简单，但是并不适用于所有景点。当前还有一种翻译方法，即"专名音译＋通明意译"，这种翻译方式存在着一定的弊端，有一些景点名称无法用英语直接翻译出来，没有合适的英语单词可以代替它，所以在翻译的过程中往往会曲解其本身的意思。

（二）指向功能

一些景点包含深厚的文化内涵，直译往往无法精准地将其表达出来。所以，翻译人员应了解当地的文化底蕴，了解景点背后的故事。对某些景点名称进行直译会使游客感到困惑，无法了解景点名称的含义，大大降低了翻译的实际意义。譬如，对"万仞宫墙"的翻译，部分学者将其译为"Ten Thousand Feet High Wall"，这种翻译方式在理论上没有任何错误，但是不能充分表达其深刻的内涵。"万仞宫墙"用以称颂"孔子学识渊博，无人能及"，而"Ten Thousand Feet High Wall"完全无法表达出其中的意蕴，这会使翻译大打折扣。

（三）诱导功能

我国地域十分辽阔，有着众多的景点，在这些景点中一些名字十分特殊，如龙门石窟、天涯海角、十里屏风等，这些景点的名称非常生动形象，常常使人浮想联翩，无限神往。翻译人员要秉持专业的态度，保证所翻译的内容易被游客理解，避免出现较大的翻译误差。譬如，将"天涯海角"这一景点名称翻译为"the edge of the sky and the rim of the sea"，这样的翻译方法可以给旅客充分的想象空间，从而有效吸引游客。我国的很多景点名称都充满了人类的智慧，人们充分结合我国优秀的文化历史，通过简单的成语将当地的景点进行全面概括，十分生动形象。

三、景点名称的翻译

（一）一景多译

我国景点数量众多，每个翻译人员对景点的理解并不相同，翻译出的结果自然也不同，这就导致同一个景点名称具有很多种翻译，缺乏规范性。即便具有一定权威性的翻译人员对同一个景点的译法也不尽相同。比如，对"大雁塔"的翻译，在旅游局宣传册、旅游教材、国外出版物、国外旅游网站、高速出口两个指示牌、山西旅游局官网上的译法都有不同程度的差别。再如，对海南"天涯海角"景点的翻译，有人翻译为"the edge of the sky and the rim of the sea"，也有人译为"separated words apart"，因此很多景点的名称没有一种固定的翻译形式。又如，对"黄帝陵"的翻译，在学生的教材中其被翻译为"Yellow Emperor's Mausoleum"，在旅游局宣传页当中其被译为"Yellow Emperor Mausoleum"或者"The Mausoleum of the Yellow Emperor"等，对其不了解的游客常常会感到困惑。

（二）景点翻译随意性太强

对景点名称进行翻译时，翻译人员要足够尊重景点名称本身的含义，保证翻译的正确性，确保传达的准确性。但是，目前很多景点没有固定的翻译名称，缺乏统一性。这种情况下，译者会凭借主观想法进行翻译，这样就会导致出现很多翻译错误，使很多旅客无法正确理解景点名称。翻译与景点名称是否贴合完全依靠翻译人员本身的专业水平，因此翻译质量参差不齐。譬如，对"樱缤之路"翻译时，很多翻译人员将其翻译为"Ying Bin Zhi Lu"，这样的翻译本身没有错，但无法反映景点本身的特点，很多外国游客无法从翻译中体会到景点的特色，"樱缤之路"暗含此处遍布樱花树，景色十分宜人之意，但是上述翻译很难使游客体会到这一点。尤其是Ying，它是我国的拼音，对应的汉字有很多，不了解汉语文化的游客理解起来非常困难。

（三）景点名称翻译未能准确传递文化信息

在我国，很多景点名称或许只是简简单单的四字成语，但用英文翻译可能被译为一大段文字，这给翻译增加了难度。大多数成语在英语中并没有完全对应的英文，所以在传达的过程中难免产生歧义。做好景点名称翻译要有过硬的英语基础。翻译人员要结合当地的风土人情、景点历史、背景以及别称适当意译，避免过于冗长，使游客无法理解。翻译人员要结合当下的流行用语和通俗解释，尽量把景点名称翻译与时代接轨，避免脱离实际。譬如，我国非常有名的景点"断桥残雪"，其以冬雪时远观桥面若隐若现于湖面而著称。有的译者将其翻译为"Melting snow at Broken Bridge"，这显然无法表现其原意，也未充分尊重作者的本意。因此，在翻译的过程中译者最好能向游客解释一下景点背后的故事，便于游客理解。

四、景点名称翻译的实践原则

（一）英译+直译

各国文化之间存在着较大的差异，因此翻译人员在翻译时应当格外注意，确保自己的翻译能被游客听懂，保证语言的简洁性和准确性，尊重景点名称本身的意思。作为一名合格的导游，其应将景点背后的文化传达给游客。中文喜欢用一些形容词表达情感，但是西方语言大多简单明了，因此在翻译时要注意各个国家不同的语言表达方式。导游所用的语言最好能说明景区的特点，激发游客的兴趣，使之感受到我国景色的优美。翻译景点名称非常常见的一种翻译方法是"英译+直译"，这种方法能很好地保留其原有的意思。例如，"杜甫草堂"可以译为"Dufu Cottage"，导游在翻译景点名称之后最好再介绍一下名称的由来，以便游客理解其中的意思。特别是杜甫是我国非常伟大的诗人，但是国外游客并不十分了解，且其背后有着深厚的中华文化，因此需要进行进一步的介绍。例如可以说，"Right in front of us is Du Fu Thatched Cottage, which is located by the Huan Hua River outside the west gate of Chengdu, Sichuan Province. It was the former residence of Du Fu, the great realist poet of The Tang Dynasty, when he lived in Chengdu. In the winter of 759, Du Fu took his family to Shu to avoid the 'An shi Rebellion'. They built a thatched hut in Chengdu and lived there, which was called 'Chengdu Thatched Cottage'. Du Fu lived here for nearly four years and wrote more than 240 poems."。通过这样一种方法，游客便能理解景点名称的含义了。

（二）意译

很多景点无法直译，这时可以采用意译的方式。进行意译时翻译人员要足够了解景点以及景点背后的文化。譬如，将"兵马俑"翻译为"Terra cotta Warriors and Horses"，将故宫翻译为"The Imperial Palace"。进行意译时翻译人员还需要根据实际情况进行适当的增词或减词，由于中西方文化存在一定的差异，此意译也应符合游客的思维逻辑，避免在传达过程中产生误差。作为导游，其所提供的翻译内容最好能在尊重客观事实的情况下，添加一些美感，因为很多外来游客都是怀揣着十分憧憬的心情观光旅游的，导游具有美感的语言会使其更好地感受我国的大好河山。导游在介绍景区景点时可将我国的历史文化故事穿插其中，使游客身临其境地感受我国千年的文化魅力。例如，"水帘洞"被译为"The Waterfall Cave"，这样直接翻译使游客无法了解其背后的意思，这时导游可讲述一些故事，激发游客的兴趣。例如，在讲述水帘洞景点时可说，"Now we come to the Water Curtain Cave, the water curtain cave from one of the four classics 'Journey to the West' in a plot, a scorching summer, the stone monkey with a group of monkeys in the mountain summer, accidentally found a waterfall flowing down from the top of the mountain. The monkeys said, 'Whoever can dive into the waterfall and have a look, we will worship him as king.' Stone monkey volunteered, drilling into the waterfall, found that it was a spacious, quiet cave, stone engraved on the stone, Flowers and fruit Mountain, water curtain cave. All the monkeys worshiped the Stone monkey and called him the Monkey King."。这样的语言既能很好地传播我国的文化，也便于游客理解。

（三）音译+直译

"音译+直译"的翻译方法同样受到了很多翻译人员的青睐，这种翻译方法适用于无法将中文直接翻译成英文的旅游景点名称。在翻译景点名称时，为了确保翻译准确和客观，同时有利于游客了解，很多翻译人员会采取音译的方式，但是音译也是存在弊端的，即无法让游客充分了解其中的内涵，这时译者应进一步讲解，并对语言进行适当的润色，如增加一些古诗词，有效传播我国优秀的传统文化。譬如，在翻译"泰山"时可将其翻译为"Taishan Mountain"，我国很多诗人都描述过泰山，因此可以向游客这样解释："Now we are about to climb Mount Tai, which has been described by many poets, but only Du Fu can use 'What is Dai Zong like?' Zhu Qi and Lu, green is endless, which includes more than a thousand families, can be described as magnificent. It's concluding remarks are particularly subtle, imposing and artistic, which contains the poet's ambition and ideal. The whole poem is open and clear, and the mood is healthy."。这样的方式既可以传播我国的古诗词文化，又能使游客进一步了解我国文化。

总而言之，我国地域辽阔，景点众多，且有很多景点名称富含我国优秀的传统文化，因此进行景点名称翻译时需要关注很多细节，不仅要足够尊重景区景点文化，保证翻译准确无误，还要考虑中西方文化差异，尽量表现出景点名称背后的含义，使游客对其有充分的了解。介绍景点本身就是一个传播文化的过程，所以翻译人员需要对景点当地的风土人情有足够的了解，介绍时尽量言简意赅，给游客留下深刻的印象。但是，目前跨文化视角下的旅游景点名称翻译与导游语言仍有很大的提升空间，工作人员需要不断钻研，争取有所突破。

第三节　旅游解说文化体现与话语策略——以辽宁为例

随着我国经济的发展，我国的旅游业成了最有活力的产业之一。由于近年来人们对旅游解说文化越来越重视，越来越多的人开始关注旅游解说的文化体现和话语决策，本节通过归纳旅游解说文化的资料，对解说的话语模式进行了深入探究，分析出旅游解说话语中常见的问题，并提出相应的解决策略。

旅游解说文化是辽宁省旅游文化产业的重要组成部分，对辽宁省旅游的发展有推动作用。辽宁省旅游资源丰富，旅游产业基础较好，以恰当的形式将旅游解说融入辽宁省旅游业的发展中，可以丰富辽宁省的生态文化和民族文化。本节以辽宁省的旅游文化解说为例，对旅游解说文化的界定和旅游解说话语模式进行分析，根据旅游解说话语中经常出现的问题，提出相关的解决策略，以使旅游解说语言更加规范，从而促进旅游产业更好发展。

一、旅游解说文化的界定

旅游是人们为了满足精神和物质需要，离开自己居住的地方，去其他地方进行短期停留的现象。旅游既是人们的一种文化生活，也是人们的一种综合性的社会经济活动。解说是一种对事物进行解释的表达形式，这种形式利用言简意赅的文字，把事物的综合性特征解释清楚。解说不只是对事物进行简单的描述，而是利用媒介的介绍和直接的体验揭示事物的内涵。旅游解说是一种通过旅游目的地的某种媒介向游客概括性介绍有关旅游活动信息的传播行为语言。在旅游解说过程中，旅游解说员是旅游信息的传递员，旅游观光者是旅游信息的接收人员，旅游解说的话语是旅游信息的符号媒介。旅游解说话语与广播解说话语、教师解说话语和广告解说话语一样，在表达方式上都具有自己的特色和规律。广义的旅游解说话语指所有旅游活动中产生的语言，其中包含旅游地区的宣传广告、旅游指南和导游的解说词等；狭义的旅游解说话语则是导游引导游客进行旅游活动时所用的语言，也被称为旅游语言。

二、旅游解说话语模式的分析

（一）旅游解说的口头话语

在旅游解说中，运用最多的一种模式就是口头话语模式，也就是一种解说员向游客提供的有关旅游地区的解说服务。语言是人们之间进行交流的一种符号系统。如果利用符号学对旅游解说进行说明，则旅游解说可被划分为编码、发码和收码三个过程。旅游解说人员整理旅游信息，发给游客；游客接收旅游信息，从而完成整个语言符号的信息传递过程。旅游解说员在对旅游信息进行编码之前，需要对旅游信息进行整理，这样才能更好地完成整个旅游解说过程。由于旅游解说的口头话语模式具有灵活性，旅游解说的口头话语也最容易被人们所接受。

（二）旅游解说的书面话语

旅游解说的书面话语模式既是一种自导性的解说方式，也是一种旅游指南、旅游刊物等书面文字材料获得旅游信息的话语模式。由于旅游解说的书面话语被人们接受需要一个过程，旅游者需要利用大脑和感官对旅游解说的书面话语进行分析和消化，只有这样才能更好地了解旅游景观。因此旅游解说的书面话语模式对语法和词汇的要求更严格一些。在旅游的过程中，旅游解说人员和旅游指南是信息的传递媒介，能将旅游信息传递给游客，游客对旅游信息消化后进行反馈，旅游地区相关负责人根据游客的反馈对旅游解说的书面话语进行修改和完善。

（三）旅游解说的新传媒话语

旅游解说的新传媒话语模式，可以分为平面、立体和网络三种。新传媒的平面话语指广告、图书和录音等旅游资源文本。新传媒的平面话语模式指在旅游地区对旅游广告、模型和图片等进行陈列，然后利用多媒体设施对旅游内容和景色进行解说。例如，辽宁省博物馆中就展示着路线指示图、相关书籍和标本等资源。博物馆利用新媒体话语模式对旅游信息进行说明，可以充分调动游客的听觉、触觉和视觉。辽宁省博物馆的广告语言概括性很强，游客也可以通过博物馆解说折页和图书等出版物，更加深入地了解博物馆的特色，此外博物馆内的多媒体立体展示品也能够对博物馆的旅游资源进行更加形象的解说。

三、旅游解说话语中常见的问题

（一）解说员的语言问题

1. 口头语

旅游解说话语中，口头语言是解说员和游客进行沟通的最有效的一种语言。

2. 语音

在口语解说中，导游的语音语调变化对旅游解说效果也有着很重要的影响，好的旅游解说语音让人心情舒畅。但在实际旅游活动中，导游在语音上存在着诸多的问题，如语言解说语音一成不变、语言解说语音节奏感不强、语言解说语速过快或过慢等，这些问题都会使旅游解说达不到很好的效果。

3. 方言

一些导游对旅游地进行解说时，会运用过多的方言，这会使游客难以理解。此外，还有一些导游在进行旅游解说时，会带一些"黑色幽默"或者夹杂一些挖苦和嘲笑等不良语言，这些语言在一定程度上会影响游客的旅游心情和兴趣。

（二）旅游解说的书面问题

旅游手册和旅游书籍是游客获取旅游地信息的重要渠道。相关调查发现，辽宁很多景区的旅游解说印刷品不仅数量少类型也不多，仅有少数的风光手册，缺乏自驾游方面的旅游解说手册，而且行车路线和景区图片比较陈旧，缺乏对辽宁观光景区的具体介绍。

（三）旅游地的标识问题

旅游景区的标牌上一般都有平面的、静态的解说话语，对游客的旅游活动有着重要的指示作用。大多景区的标牌都会直观地展现出景区的路线和概况，游客通过指示牌能对整个景区进行了解。但是，在游客实际的旅游活动中，很多景区的标牌会出现很多问题，影响游客正常参观。

（四）新传媒的语言问题

网络上的音像、录音等新媒体语言存在一定的局限性，如内容陈旧、网络平台不完善、影像设备比较少等。例如，在网上搜索辽宁省的旅游资源时，大部分的解说词都是一些分散的纪录片，很多区连宣传片都没有。随着互联网的发展，利用互联网获取知识已经变成一种潮流，但是由于网上旅游景区的内容比较分散，语言比较单一，新媒体解说话语很难发挥真正价值，不利于旅游景区的发展。

四、旅游解说话语策略

（一）规范旅游解说员的口头解说语言

首先，旅游解说员需要具备良好的语言能力、知识素养、交际能力和道德素养等。其次，旅游解说员必须具备良好的旅游景区知识和专业的旅游知识，规范自己的口头解说语言。最后，旅游解说员必须具备一定的讲解技能、服务技能和礼仪技能等，在这些技能当中，讲解技能最为重要。此外，旅游解说员在讲解的过程中，应该吐字清晰且应使用标准普通话，避免使用过多的方言，让游客能充分理解其所讲解的旅游知识，发挥出旅游讲解的真正价值。例如，旅游解说员在对辽宁博物馆进行解说时，应充分重视所讲解的文物，讲解任何知识时都需要有一定的依据，并在讲解的过程中落实自己的观点，明确自己讲解的内容所要宣传的主旨，同时应考虑游客的接受度，利用自己口头解说语言的感染力和说服力，让游客充分理解解说内容。

（二）灵活控制英语解说员的解说发音

每个人讲话都具有不同的音质，虽然音质是天生的，很难改变，但是旅游解说员在进行英语解说时，通过灵活控制自身的英语解说发音，利用英语解说技巧，可增加解说发音的美感。首先，旅游解说员要注意自己讲解时的语调，灵活变换解说声音的声调和感情，调整好旅游解说时的音量，以更好地吸引游客的注意。其次，旅游解说员应该根据游客的理解能力控制好英语解说的语速，并且要注意解说内容的停顿，利用恰到好处的旅游解说的节奏，提高旅游解说的效果。最后，旅游解说员在对景区进行讲解时，要学会换位思考，应从游客的角度出发，对旅游景区的特色进行讲解，在讲解的过程中，对游客所提出的问题，及时地整理和回答，从而提升讲解效果和讲解质量。

（三）规范英文旅游书籍中旅游景区的内容

旅游景区的旅游书籍是游客获取旅游知识的一种重要渠道，其内容可直接影响游客对景区的认知，所以旅游管理部门应在尊重旅游景区客观事实的基础上，以景区推介和跨文化传播为切入点，规范旅游书籍的内容构架及英语语言的使用情境。此外，随着社会的不断发展，景区的数量在逐渐增加，所以旅游管理部门应该及时更新旅游景区的书籍。此外，英文旅游书籍也应补充上这些新增加的景区，只有这样才能提高旅游景区对游客的吸引力。

（四）加强旅游景区英文牌示语标识的规范性管理

景区中有景区线路解说牌、景点解说牌、景区规则制度解说牌、服务设施解说牌等，不同的解说牌有不同的功能。这些解说牌是游客获得旅游景区具体信息的一种重要渠道，所以旅游景区管理人员应该注意旅游景区牌示语中的符号和用词，加强旅游景区牌示语标识的规范性管理。旅游景区牌示语标识中不能出现错误的标点和错别字，标识的表述应该清晰明了，翻译牌示语标识时，应该结合汉语文化进行翻译，让景区游客在深入了解景区特色的同时，弘扬我国历史悠久的传统文化。

（五）增加旅游景区新媒体设备的利用度

我国文化博大精深，旅游资源也十分丰富，旅游景区的国外游客接待量持续增长，景区的建设与服务水平也亟须提高改善。在规范景区解说员使用英语语言之外，景区还可加大新媒体设备的利用率，利用多种媒介加强景区的宣传力度，如集中旅游景区的图片、纪录片等资源，利用新媒体设施对旅游景区的解说内容进行循环播放。此外，旅游景区还可以利用多种语言对景区的特色进行宣传和解说，增加旅游景区解说的创意，也可推出景区休闲游、生态游和红色游等多种旅游主题，充分发挥新媒体优势，提升旅游景区讲解的效果和水平。

（六）充分考虑不同游客的认知水平差异

旅游解说员面对来自不同国家的游客时，应该充分考虑到不同游客的职业、年龄和兴趣，因为这些不仅影响着游客的认知水平，还影响着游客的审美和接受能力。所以，在为游客进行解说时，解说员要考虑不同游客的需求，并且应用简单的英语词汇进行解说，使游客充分理解解说员所讲解的旅游知识。

综上所述，旅游解说文化是旅游文化的宣传窗口，也是旅游过程中游客了解景区的一种重要途径，旅游解说员的英语解说话语能力关系到涉外旅游服务质量的高低，对涉外旅游行业的发展起着至关重要的作用。因此，旅游解说员应该规范自己的口头解说语言，灵活控制自己解说的发音，避免使用过多的方言，从而发挥出自身旅游讲解的真正价值。此外，旅游景区应该加强旅游景区英文牌示语标识的规范性管理，规范英文旅游书籍中旅游景区的内容，提高旅游景区新媒体设备的利用率，从而更好地适应旅游景区的发展需求，促进旅游产业健康稳定发展。

第八章 话语分析之英语教学研究

第一节 英语课堂教学中的话语分析

英语课堂教学是一项专业性很强的教学活动，教师作为教学活动的组织者和实施者，其英语语言能力不是对其评价的唯一标准。也就是说，英语教师除了要具备相当高的英语语言能力之外，还需要具备较多的教育教学相关知识，只有这样才能优质地完成英语教学工作，达到极好的英语教学效果。在我国英语教学过程中，无论教学理念、教学方法还是教学环境如何，与学生沟通的唯一方式便是话语。教师在教学中的目标便是实现教学，达到理想的教学效果，而这一切都是以话语教学为基础的。

现阶段，我国学生的英语学习现状是学生很少有机会参与纯英语交流，尤其在我国高等教育机构或院校，英语交际交流机会较少，学生在英语学习中缺乏良好的学习机会和英语环境，进而难以获得良好的学习效果。可见在实际的英语教学过程中，教师的话语分析理论能力和学生自身的实践交流状况对提高英语教学非常重要。

一、教师话语和话语分析

教师话语和话语分析是两个独立的概念。教师话语一般是指教师通过自己的语言表达向学生教授一些知识和术语。在实际的语言教学课堂中，学生通常会模仿教师的话语。而话语分析通常是指教师讲话的概括和总结。通俗来讲就是教师把复杂的句子概括成简单的单词，再经过教师的语言加工传授给学生。这种教学方法方便快捷，可以大幅度提高课堂教学效率，也能够保证教学效果。可以说，话语分析是保障语言教学的基础工作。

在英语课上，最常见的现象是，当学生遇到复杂难懂的英语句子时，便开始分辨句子的主语、谓语、宾语分别是什么，之后便对整个句子的语法和时态做出判断，最后将这些结合起来进行翻译和理解，这就是一般学生学习英语句型的流程。然而，学生在英语日常交流中没有时间和精力进行语法分析。以一个简单的句子为例，"There is a cat in the bed."译为"床上有只猫"。在没有进行话语分析之前开展课堂教学是将这句话复杂化，即"Now there's a cat on my bluesheet."译为"现在有只猫躺在我蓝色的床单上"。这样的翻译给句子增加了许多复杂的信息，如句型和时态，但是在进行话语分析时，会忽略掉这些内容，直接抓住猫和床的关系，这样更有利于学生理解，之后再根据具体情况对这个句子进行扩展。这种不逐字逐句依赖句子的结构进行分析的方法，能够帮助学生快速理解句子内容，抓住要点。这对提高课堂教育、完成教学目标具有非常重要的作用，有利于提高学生的学习素质。

二、英语作文教学的话语分析

英语写作是英语教学中十分重要的一部分，听说读写是语言学习的规律，由于"写"位于最后，在英语教学过程中，英语写作教学往往得不到足够的重视，一些英语教师将英语阅读与英语写作分割开来，英语写作教学效率低，学生对英语写作学习主观能动性差，限制了英语写作能力的提高。学生在写作时，会遇到很多复杂的内容，如时态、句型、语法，或者是语境和逻辑等问题。这些都会大大提高话语分析的难度，需要教师有扎实的教学理论基础和相当高的话语分析能力。

讨论和分析教学理论需要教师找到文章中的关键词汇和上下文。此词汇表和上下文可以提供整个文章内容和文章主要思想。使用这种解释方法，可引导学生理解语言本身的含义，进而进行语言处理。例如，上面文章中的短句"Now there's a cat on my bluesheet."，一旦学生理解了猫和家庭的基本词汇，教师就可以帮助学生扩展和培养他们的语感，使他们更好地理解英语，探索汉语在英语中的不同叙事习惯。

三、话语分析与课堂能力训练

教师在教学中使用的教学语言是师生语言互动、搭建师生沟通桥梁的重要工具。同时，教师在课堂上运用话语分析理论时，应注意区分口语与书面语，因为这两种形式的语言在教学效果上存在一定的差异。例如，有的学生可以流畅、完整、准确地解释和分析单个句子或文章，但在面对听力时无能为力。造成这种情况的原因有很多。每个学生都是不同的个体，他们之间存在一些差异，这就需要教师细心观察和因材施教。然而在实际教学中，这种情况占的比重并不大，更多的是学生普遍无法通过听力迅速掌握和理解句子的基本要点，最终导致口译失败，这就是话语分析理论中的一种关系分析。

英语中有很多表达感情的拟声词。倘若将这些拟声词视为我们的汉语拼音，那么可以发现它们是具有不同声调的，而且可以表达出不同的感情。所表达感情要视当时的语境而定。在实际教学中，教师可以适当运用多种教学方法，为学生提供更加良好的教学氛围。最重要的是，通过练习，学生可以快速、有效地参与对话。这意味着在实际口语对话中，学生更容易捕捉句型的关键点并做出正确而快速的判断和回应。

事实上，教学本身并不严谨，尤其是语言学习。英语教学对学生的个人成长和发展以及当今社会都非常重要。英语教师必须关注和掌握英语教学的各种理论和方法，并根据自己的具体情况合理运用，以达成教学目标、完成教学任务、培养学生能力。

话语分析实际上是一种语言学习方法，其可将复杂句子简化，帮助学生更好地理解和学习。这种方法要取得良好效果，单靠英语老师还不够，还需学生的合作配合。语篇分析理论在课堂上的应用，能够显著提高英语教学的效率，有利于师生互动教学。它为学生提供了一种全新的学习方法，使学生在学习过程中进行总结和运用，实现有效学习。

第二节　教师视角下的多模态话语分析与英语教学

一、多模态外语教学理论研究

（一）多模态话语分析理论概述

多模态话语分析是指用语言、面部表情、动作等多种手段表达意义的一种方式。在社会符号学理论中，它将跨学科的认知方法与相关的交互分析方法相结合，在语言教学和学术研究中得到了广泛的应用。

多语言表达的要素包括声音、色彩、图像、技术和其他根据传统观念改变语言内容的书写系统。在信息时代，语言表达趋于多样化。文字、图像、声音、视频、肢体动作、表情等元素都可以作为语言的载体。语言背景的多样性决定了语言分析方法必须与时俱进。早期的单一话语分析不能满足人们在新媒体时代解读和理解语言意义的需要。

国内研究人员在多模态话语分析理论方面的主要发现如下。顾曰国将多模态话语分析定义为人们与具有多重意义的语言信息进行交流和互动的一种方式。[①] 张德禄认为，在人际交往过程中，语言意义的表达通常体现在人的行为、表情、行为等非语言因素上，这些因素与语言相结合，对语言的意义产生了更为显著的影响。[②] 朱永生将多媒体话语分析定义为同时包含两种或两种以上信息特征的系统或模态的语篇传播。[③] 跨学科话语分析强调对跨学科资源的综合探索和利用，涵盖多种不同语境，对视频、交互式数字媒体等动态媒体具有很强的适用性。

（二）多模态话语分析的特点和优势

1. 丰富教学方法

多模态话语分析提供了多样化的英语教学形式。基于多媒体技术，教师可以基于跨学科学习理论，实现图像、视频、录音、表格等多种模式选择，将传统语言与多媒体相结合，以图文并茂的形式，生动活泼地完成教育任务。相较于单纯的知识讲解，基于图像、音频和视频的3D教育场景更具吸引力。作为互动交际的核心学科，英语在教学中强调知识的灵活运用和学生的交际实践。多模态话语分析可以为学生提供多种沟通渠道，并利用现代多媒体手段实现学习目标。

2. 创造教育情境

英语语言具有实用性，语法与词汇的积累及特定语境下两者的应用都对学生语言的形成与学习具有重要意义，从而使学生真正达到语言交流及练习英语的目的。传统教学环境中的语境设计通常依靠简单的肢体动作或叙述营造情境氛围。利用多媒体技术和现代教学设备，教师可以将图像、视频、音频等多媒体形式融入语境，使教学语境更贴近现实，更生动有趣，使学生了解英语语言元素（如词汇、语法和时态）在特定环境中的适用性。同时，在教学组织中教师可为学生提供仿真的语言环境，同时辅以课堂讨论、场景模拟等教学手段，叠加智慧教学如泛雅平台、慕课、微课等丰富教学活动，设立以学生为主体，

---

① 顾曰国：《多媒体、多模态学习剖析》，《外语电化教学》2007年第2期。
② 张德禄：《多模态话语中的情景语境》，《解放军外国语学院学报》2018年第3期。
③ 朱永生：《试论语篇连贯的内部条件（下）》，《现代外语》1997年第1期。

以能力为目标，集"教、学、做"于一体的教学模式；加强对学生灵活应用语言和独立思考、解决问题的能力的训练，通过语言协调、语言沟通及应变交际处理逐渐增强学生语言的实践应用能力。

3. 丰富培训内容

在英语语言环境中使用多模态话语分析可以增加课堂趣味性并丰富教学内容。交流和应用是学习语言课程的最佳方式。跨学科话语分析可以通过多种方式将视频、喜剧、电影等纳入课程。一方面，这可以提高教师的教学兴趣和学生在课堂中的参与度；另一方面，可以帮助整合更多的课外知识，扩大学生的知识面。例如，教学内容可以包括不同地区的历史文化、地理特征、宗教信仰等，其可以帮助学生了解地方特色，大大提高学生的英语学习效率，帮助学生在短时间内吸收课堂知识。

4. 提升文化内涵

在英语教学中运用多媒体展现文化背景、地理特征、风土人情等，对增加学生知识、开阔学生视野具有重要作用。在话语分析过程中，可以利用视频清晰地展示英语的文化背景和发展情况，提升课堂教学的文化内涵，丰富学生的英语文化知识。此外，在新媒体教学环境下，教育资源信息庞大而杂乱。教师应运用多种方法对这些资源信息进行分析和整合，探索文化价值，并将其应用到教学中。在这个过程中，教师可以鼓励学生独立探索英语所基于的文化背景，并推动学生对文化的探索。

（三）多模态外语教学的兴起

新伦敦小组最先将多模态话语分析理论与教学相结合，提出语言教学的主要任务是培养学生全方位的读写能力。皮帕·斯坦（Pippa Stein）以外语教学为视角探讨分析了多模态课程的设计和应用原则。[1]特里·罗伊斯（Terry Royce）讨论了多模态话语中不同符号资源的互补性及其在第二语言课堂教学中的协同性等。[2]米尔斯（Mills）通过实验观察课堂教学和师生访谈的方式，并设计了多模态教学课程的具体方案[3]国内学者顾曰国最先区分了"多媒体学

---

[1] Pippa Stein, "Rethinking Resources: Multimodal Pedagogies in the ESL Classroom," *TESOL Quarterly* 34, no.2（2000）: 333-336.

[2] Terry Royce, "Multimodality in the TESOL Classroom: Exploring Visual-verbal Synergy," *TESOL Quarterly* 36, no.2（2002）: 191-206.

[3] Mills Kathy, "Discovering Design Possibilities Through a Pedagogy of Multiliteracies," *Journal of Learning Design* 1, no.3 (2006): 13–32.

习"和"多模态学习"两个概念,然后创建模型框架以分析这两种类型的学习。①张德禄开发了一套综合的多模态话语分析体系,分析了不同模态之间的相互关系,探讨了多模态语篇方法的协同作用及其在外语教学中的应用,总结了外语教学中存在的问题。②

综上所述,多模态外语教学的成长和发展可以归结为以下几个原因:首先,多模态话语分析理论逐渐深化和完善。国内外研究人员在多模态话语分析领域取得了丰硕的成果。他们不仅分析了多模态话语的各种模态的意义及其表现形式和规律,还侧重研究了不同方法。多模态话语分析领域的研究成果在实践中得到了广泛的应用,尤其在外语教学领域,取得了不错的成果。其次,多媒体技术为外语教学提供了必要的网络技术及视频、音频等素材,PPT在课堂教学中的应用也更为广泛。最后,外语教学的多样性使学生能力被重新定义。培养学生多方面的读写能力的重要性推动了多学科外语教学研究的进一步发展。

(四)多模态外语教学的表现形式

近年来,多模态外语教学研究取得了长足的进步。特别是张德禄发表了一系列文章和作品,在多学科外语教学的理论和实践领域都取得了丰硕的成果,为语言教学提供了实际例子。然而,张德禄的研究侧重如何在外语教学中运用多学科的方法,充分利用其优势促进外语教学质量的提升,突出了个别学生在外语教学中的重要作用,但并未深入探究学生的认知。

1. 外语教学的多模态性

随着多媒体技术的广泛应用,多模态教学,特别是PPT演示教学,已成为外语教学不可或缺的模式,多模态外语教学成为外语教学的热点。在教学中,课堂教学活动通常以语言形式为主,然而语言形式有诸多缺点,如语言是瞬间的,不能长久保存,固有的抽象不允许它提供具体和生动的信息描述。教师可以通过身体动作、板书、PPT、教室环境布置等手段开展教学。所以,多模态教学的作用不容忽视。

2. 多模态组合选择目标

从外语角度看,选择多模态组合的主要目的是利用多模态组合的优点,促进外语教学质量的提高。在教学过程中,教师可以结合各种因素,选择合适的模态组合。一般来说,教师选择一种特定的模式,通常出于以下原因。

---

① 顾曰国:《多媒体、多模态学习剖析》,《外语电化教学》2007年第2期。
② 张德禄:《多模态与外语教育研究》,上海:同济大学出版社,2018年,第76页。

（1）补缺。补缺是指一种方式不能完全表达意思或听者无法理解其中的意思，所以必须用另一种方式补充其余的意思，即一种方式只能传达部分意思，另一种方式可以体现或帮助表达其余的意思。例如，当学生大声朗读课文时，有些学生会低声说话。为了不干扰学生的阅读，教师可以用手语示意学生保持沉默。学生完成课堂对话等活动后，教师可以通过微笑、鼓掌等来表示赞赏。

（2）强化。强化是指一个模态表达了一个值，另一个模态可用来突出该值。例如，当某个知识点需要突出时，教师可将该知识点写在黑板上，也可以使用粗体或其他方式在PPT上进行标记。

（3）吸引注意力。吸引注意力是指一种情态表达主要含义，另一种情态更具体、生动地再现这种含义。例如，为了让学生更好地理解课文，教师可以鼓励学生使用对话或其他表演形式来展示课文的内容。

（4）表达情绪。表达情绪是指一种方式表达概念意义，另一种方式表达人际意义，包括态度、情感、目的等。

（5）通俗易懂。通俗易懂是指一种方式用于表达比较抽象、笼统、极难、深奥的真理或结论，另一种方式提供实例、解释、关系等，使其更容易理解。例如，在解释狼和狗的区别时，教师可以使用两者的图片进行比较，让学生更容易理解。

3. 多模态组合制约因素

多模态话语分析理论是多模态外语教学理论的基础，首先是系统功能语言学，尤其是语境理论和元功能理论。因此，多模态话语外语教学的选择可以基于系统功能语言学中的语境理论和元功能理论进行考察。在教学实践中，多模态的选择受到教学环境、设备、技术、程序、方法等诸多因素的限制。在外语教学中，限制多模态组合选择的主要因素可分为以下几类：①语场，即与教学内容相关的区域，主要涵盖课程内容、深度和复杂性。②语旨，即师生情和学生关系，主要包括师生的个人特点、师生关系和交流的目的。教师的情况包括性格、爱好、特长、目标等。最重要的是教师对各种外语理论的了解。学生的情况包括当前的知识结构、兴趣、能力结构等，其中最重要的是学生的认知能力、认知习惯和语言学习策略的应用。③语式，即教学条件和地点，主要包括设备条件、教学环境、交流渠道等。

4. 多模态组合原则

多模态协调的最终目的是提高外语教学质量，但多模态组合并不意味着模态越多越好，而是要兼顾经济原则。因此，多模式组合应在优化和经济原则之间取得平衡。张德禄建议,优化原则应该是基本的、总的原则。优化原则是指充分利用现代媒体技术,最大限度地发挥演讲者的作用,达到最佳效果。优化原则包括效率原则、适应性原则和经济原则。

5. 模态搭配

"模态搭配"是指在一种模态的使用特征不能很好地体现交际者要表达的意义时,选择多种模态相互配合来完成交际任务的现象。[①]张德禄、王璐以大学英语课堂教学中的两个教学为例,强调辅助模态的作用,分析了三种类型的模态搭配。[②]张德禄、李玉香以一堂英语课堂教学示范课中的课堂话语为语料,探讨分析了五种模态搭配类型。[③]张德禄、丁肇芬探讨了其他的六种模态搭配。

6. 多元读写能力培养模式下的教学模态系统选择框架

张德禄、丁肇芬运用多模态体裁理论研究了外语教学程序,将教学程序和教学目标相结合,使教学程序在多元读写能力培养模式框架的基础上实现了模式化,并构建了多元读写能力培养模式下的教学模态系统选择框架,如图 8-1 所示。

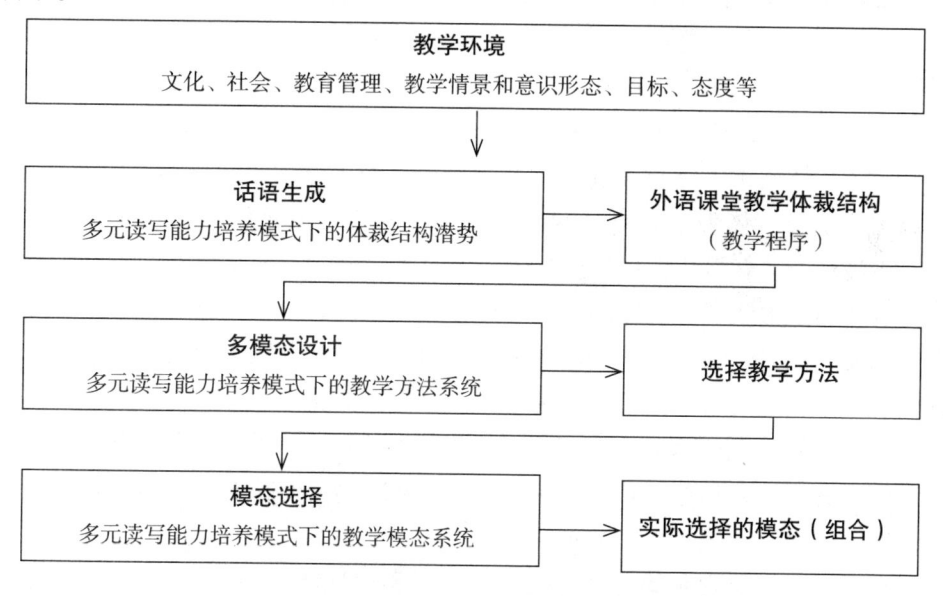

```
┌─────────────────────────────────────────────┐
│                  教学环境                     │
│  文化、社会、教育管理、教学情景和意识形态、    │
│            目标、态度等                       │
└─────────────────────────────────────────────┘
                      ↓
┌──────────────────────────┐    ┌──────────────────────────┐
│         话语生成          │    │   外语课堂教学体裁结构    │
│ 多元读写能力培养模式下的   │ →  │       (教学程序)         │
│      体裁结构潜势         │    │                          │
└──────────────────────────┘    └──────────────────────────┘
                      ↓
┌──────────────────────────┐    ┌──────────────────────────┐
│         多模态设计        │    │                          │
│ 多元读写能力培养模式下的   │ →  │       选择教学方法        │
│      教学方法系统         │    │                          │
└──────────────────────────┘    └──────────────────────────┘
                      ↓
┌──────────────────────────┐    ┌──────────────────────────┐
│         模态选择          │    │                          │
│ 多元读写能力培养模式下的   │ →  │    实际选择的模态(组合)   │
│      教学模态系统         │    │                          │
└──────────────────────────┘    └──────────────────────────┘
```

图 8-1 多元读写能力培养模式的教学模态系统选择框架

---

① 张德禄、丁肇芬:《外语教学多模态选择框架探索》,《外语界》2013 年第 3 期。
② 张德禄、王璐:《多模态话语模态的协同及在外语教学中的体现》,《外语学刊》2010 年第 2 期。
③ 张德禄、李玉香:《多模态课堂话语的模态配合研究》,《外语与外语教学》2012 年第 1 期。

二、多模态外语教学分析

（一）多模态在多语外语教学中的应用与交互

从多学科话语分析的角度看，部分教学以听觉和视觉形式为主。听力模式主要体现在讲师讲课和学生听力训练上，如学习小组开展活动时，小组中的一个人发言，另外两个人听；学生回答问题发言，教师和班上其他学生听；教师和全班听 PPT 中的音频资料，当然这也包括幻灯片翻转的声音和其他噪音。视觉形态主要表现为师生、生生、教师与学生观看 PPT 内容和书籍内容时的眼神交流。

不同模式的模态组合可以体现不同的价值，可以协同的方式表现它们的价值。一般来说，课堂上使用的技巧可分为语言和非语言两种。语言技巧可分为口语、书面语和伴语。伴语包括发音和声调。非语言技巧分为表达、身体、动作、情境和工具。表情分为表情和视线，身体分为衣服和方向，动作分为手势和学生活动。

在语言模式中，教师的语言是主要模式，负责控制课堂过程，体现了概念意义、人际意义和语篇意义。学生口语、PPT 和视音频口语为辅助技巧，推动课程顺利进行，体现了概念意义、人际意义和文本意义。书面语言方法起到了加强和支持作用，体现了概念意义、人际意义和文本意义。发音主要是加强和优化媒体，体现了人际意义和文本意义。语气对表达的感情进行补充和优化，强调关键信息，体现人际意义和文本意义。表情有填充作用，能激发他们的学习兴趣；身体有强化作用，能吸引学生的注意力。其都体现了人际交往的意义。手势和学生活动有强化作用。手势有助于表达节奏、模仿现实并体现概念意义和文本意义。学生活动可提高影响力和能力，具有概念和人际意义。情景扮演了一个额外的角色，可以识别地点、角色和责任，并反映人际关系和文本意义。该工具的 PPT 课程方案起到了强化和支持作用，促进了多维刺激，并体现了概念意义、人际意义和文本意义。黑板和粉笔用来补充口语语气无法体现的意思，体现了概念和文本意义。

在课堂上，课堂布局等视觉技术决定了学习环境、师生权力关系和角色，但仅提供了有助于增强听力模式的基本信息。听力模式为课堂上语言教学的主要模式，教师口语占优势，所以教师口语要准确，发音要响亮，节奏要适中。

（二）学生对多模态外语教学的态度与学习中的障碍

多模态外语教学在教学实践中并没有表现出比传统教学模式更多的优势，那么学生对这种教学模式的态度如何？对学生的访谈结果表明，大多数学生对多语种外语教学持积极态度。91.67%的学生认为PPT课程的使用非常有趣,教学方法也很丰富。例如,有学生指出"老师使用的PPT课程内容非常丰富,有视频和录音,感觉很有趣,希望老师们还能继续使用这种教学模式"。88.89%的学生认为PPT课程补充了重要知识,使学习内容更容易理解。这也凸显了口语体系的不足,因此PPT课程强化了口语体系。97.22%的学生认为PPT课件中的视听材料,尤其是课文阅读,对英语口语教学很有帮助。PPT课程中的视听材料发音标准、清晰,大部分学生能听懂,另外88.89%的学生认为PPT课文的文字清晰易读。同时,PPT课程大纲利用颜色和字体特点突出重点信息,让学生更容易理解知识点、学习点、难点。

不过,在采访中,学生也提到了PPT演示培训面临的障碍。94.44%的学生认为教师开展PPT课程太快,教师会等学生完成某一页后翻页,但很少回到上一页。97.22%的学生承认PPT课程很有趣,所以上课时只看PPT课程内容,忽略了课本内容。88.89%的学生坦言,由于知识点在PPT课程中进行了标注和讲解,课堂上很容易理解,但课后容易忘记。

通过研究分析,笔者了解到多学科外语教学具有一定的趣味性、丰富性等优点,但其缺点也不容忽视。通过在教学过程中使用适当的多模式组合可以鼓励学生调动各种感官系统。通过多渠道的信息刺激学习者大脑皮层的相关功能区,可以产生更强的反应,更有利于学习者的大脑进行信息处理和记忆,从而提高学习效果。但是,多模态学习也有弊端,如果处理不当,多个模块的组合会分散学生的注意力,损害记忆力。毕竟,人脑的工作记忆容量是有限的,同时处理来自多个来源的信息是非常困难的。为了避免或减少工作记忆负荷的副作用,需要对材料的形状进行特殊处理。

外语教学多样性的选择受到范围、持续时间和模式的限制,这三个因素也影响着外语教学的整体质量。在课堂教学中,单纯改变语言风格对多模态外语教学的影响并不显著。语言领域对教学的影响需要详细讨论,限于篇幅,本书不再做具体分析。

三、多模态外语教学之配对学习研究

配对学习在外语教学中并不是一种新的学习模式,但国内相关研究并不多。鉴于学习模型的复杂性,本节仅简要介绍学习模型。

(一)配对学习的定义

配对学习是指两种不同语言的母语定期交流以学习对方的语言。配对学习

有助于人们同时专注于语言学习和有意义的交流。这种交流方式非常真实，因为配对学习的伙伴不仅将彼此视为语言输入资源，还会对彼此产生兴趣。这种学习方式可以促进自主学习，因为学习伙伴可以协商相关交流话题和学习内容，也可以根据自己的兴趣和需求选择交流话题和学习内容。同伴学习有两个主要原则：互惠原则和自主原则。互惠原则意味着学习伙伴的相互依赖和支持，自主原则表明学习者对自己的学习负责，决定学习的内容和时间以及他们期望对方提供什么样的支持。

配对学习的目的是通过双语交流学习对方的语言，但此学习方式在我国还没有完全得到普及。在独立、互惠和协作学习的背景下，每个学习伙伴不仅是目标语言的学习者，也是他们母语（或他们自己的教学语言）的教师。两个学习者都同意轮流使用两种语言，这样双方都可以学习对方所说的语言。这既不是正常的对话，又不是课堂上的正常交流。两个学习者都不是合格的教师，实际上也没有教授语言。相反，他们使用语言分享观点、想法和文化信息。每个人都在学习伙伴的帮助下努力学习目标语言，并在实际对话中使用该语言。

（二）配对学习的起源

配对学习在欧洲已有几十年的历史，但在亚洲尤其是中国鲜为人知。配对学习主要指为了达到教学目的而进行的常规双语一般对话。这种交流是由两个说不同语言的学习者自愿发起的。他们可能不是母语人士或专业教师，但都对学习彼此的口语感兴趣。

配对学习在 1990 年后期出现在德国，后来被引入西班牙，之后又被传播到其他国家。配对学习作为外语学习的替代或补充，在大多数私立语言学校和大学中得以实施。

（三）配对学习与多模态外语教学

配对学习有三种主要形式：电子邮件配对学习、网络配对学习和课堂配对学习。这三种形式都使用几种模态组合来形成多重形式，其中电子邮件配对学习主要使用电子邮件。邮件是一种媒介，所以它是一种主要的视觉方式。可以使用字体、页面布局、颜色等多种方法展现邮件信息，也可利用邮件附件功能发送视频、音频等材料。在线配对学习是通过 QQ、微信以及直播 App 来开展的。因此，各种形式的配对学习以何种模式发挥最大功能，是一个需要深入探讨的课题。

1. 使用多模式组合进行电子邮件学习

电子邮件是最早使用多种模态的兼容学习形式，如下例所示。

Wendy：

你好！

感谢你上次对美国节日的详细介绍，我从中了解了许多，对中美两国的节日差异有了比较清楚的认识。

明天就是你的生日了，祝你生日快乐！

（插入音乐 Happy Birthday）

您在电子邮件中使用了"您"。我觉得我们之间最好用"你"。在这几次交流中，我们成了朋友，很高兴认识你，所以我们之间不应该使用客气的话语。

……

上例中，电子邮件使用了语言、图像、音乐、颜色和页面布局等模态，属于多模态语篇。语言模态在该语篇中属于主模态，邮件中的主要内容都是通过语言来体现的。图像模态在其中起到补充语言模态的作用，表示对收信人的感谢。音乐模态起到配角的作用，祝收件人生日快乐。颜色和字体在页面布局中都扮演着重要的角色。总之，在这种多模态话语中，各种模态各有其功能，又相互配合，表达着作者的主要交际意图。

2. 使用多模态组合在线交流配对学习

随着通信技术的发展，各种网络通信软件层出不穷，为在线交流提供了便利，也提供了一种新的学习方式。在这种学习模式下，不同的模式可以同时显示。

如果交流的双方都使用 QQ 软件在网上见面和学习，那么在整个交流过程中，会运用多种技巧，如视觉、听觉、语言、图像、手势、页面布局等。口语模态是整个交流过程中的主要模式，控制着整个交流过程，文字、页面布局和图像有附加作用。

（四）课堂配对学习中的意义协商与纠错反馈机制研究

配对学习与多模态外语教学的关系上面已经说明了，可以注意到在配对学习中使用了几种模态组合，属于多模态外语教学。本节侧重研究课堂中的配对学习，重点讲解意义协商和纠错反馈。

1. 问题的提出

意义协商理论表明，在互动过程中协商意义是习得第二语言的先决条件。意义协商是母语或口语好的对话者所做的语言调整，可以促进语言学习。意义协商过程中产生的纠错反馈可以帮助学习者理解他们的口语和目标语言之间的差距，促进他们的第二语言技能的发展。但是，在正规课堂学习中，学习者缺乏在真实语境中使用目标语言进行交流的能力；在非正规学习模式下，学习者又无法从错误中学习。而课堂配对学习模式结合了课堂学习和结对学习的优点。它不仅可以使学习者在真实语境中使用目标语言，还可以确保学习者根据错误反馈及时改正。

2. 理论综述

（1）配对学习与课堂配对学习。配对学习是指语言学习者相互学习对方的语言和文化，根据需要独立结对。配对学习必须遵守互惠和自主的原则。互惠原则是指每个学习伙伴都提供彼此想要获得的知识和技能，双方同时加强、相互学习。自主原则是指每个学习伙伴对自己的学习负责，决定学习伙伴的学习内容、目标、方法、计划、安排和期望。学习将与课堂相匹配，课堂的组合学习和配对学习使学生能够在课堂环境中进行双重学习。课堂双重学习具有以下特点：交流伙伴是目标语言的母语者，母语者充当语言的"专家"，为非母语者提供帮助；语言学习包括两个语言组，每个组的目的均是互相学习，学习伙伴轮流作为学习者和助手。

在线变位学习可以增强学习者之间的意义协商，因为词汇协商不仅注重语法协商，更注重意义协商。在线配对学习中的意义协商可以促进学习者的跨语言发展。

（2）意义协商。意义协商是指对话双方为了克服交流中遇到的理解障碍而修改和纠正话语的过程。当学习者和接受者难以理解语言时，他们会通过重复信息、拒绝语法、改变单词和纠正语言形式来理解对话的意义。意义协商，可以促进语言习得，因为它将学习者的主观能力，特别是选择性注意与输出创造力联系起来。

相关研究表明，年龄、语言水平、任务类型等都会影响意义协商。从英语课堂师生意义互动中可以发现，协商是由教师发起的，而不是正式协商。在意义协商中，学生通常会因为语义障碍而做出更正输出，但横向匹配公式对语义、音素、词形和句法四种更正输出形式并没有影响。以上国外研究均未置于课堂教学环境中，国内研究对象为中国学生。本节选择的参与者是英汉双语学习中不同目标语言的母语者，主要讨论与非母语者错误相关的意义协商以及纠正错误的反应。

（3）反馈纠正错误。谈判含义的纠错注释是指直接或间接地向学习者指明他们的语言存在错误的方式。纠错反馈理论建立在"互动假说"（interaction hypothesis）和"注意假说"（noticing hypothesis）基础之上。"互动假说"理论认为，来自意义协商的纠错反馈有助于第二语言习得。交际中断促使交际者进行意义协商，非母语者修改他们的话语以增强对母语者的理解，或母语者简化其话语以增强对非母语者的理解。这两种方法都可以增强形式注意力的获得。"注意假说"认为，对语言形式的"注意"有助于学习成人语言，而纠错反馈有助于强化这种"注意"。对错误修复的反馈有助于促进第二语言的习得，显式调试反馈优于隐式调试反馈。

当听者遇到难以理解或模棱两可的词时，就会发生传统的意义协商，这是一种可能导致语言错误的诱因。在沟通出现问题时，听者可以给出提示，即发出可以引起说话者反应的信号。答案可以是修改后的输出，即说话者用不同的形式表达相同的意思或解释其含义，在结对学习时可以使用代码修改。答案可以表明听者是否理解了说话者的语言。本研究中意义谈判分为两种类型：与外语错误相关的谈判和与外语错误无关的谈判，讨论集中在导致纠错反馈的前者。

新媒体时代引起了话语的多方面转变，并极大地推动了跨学科话语分析的发展。新媒体时代的英语教学是一门开放、创新、充满活力的教学过程，师生之间不再是完全主导和被动接受的关系。因此，研究多模态话语分析在新媒体时代英语教学中的应用，对学习者多语种素养能力的培养，以及英语语言教学都具有积极意义。培养学习者的多学科阅读能力，不仅可以使他们适应这个信息爆炸的时代，还有助于他们利用多媒体等技术手段对符号、图像、声音等进行解读，准确理解每个词的意思。他们对跨文化的理解有助于他们深入了解自己和现实世界，在多样化的环境中学习新知识和实践创新。在教学过程中，英语教师必须采用多层次教学，从发展文本素养和符号素养开始，逐步向文化素养、语境解释和批判性素养的方向发展。当然，教师自身也需要通过自主学习、进阶学习和同伴学习等方式提高文化科技的理论和实践水平，以适应教学的发展，满足学习者的需求。

目前，以多元语篇分析为理论指导，利用新媒体技术进行英语教学已在全国范围内得到推广。多学科话语分析教学强调师生互动过程的实用性和有效性，在突出学生主体性，激发学生积极性和主动性方面具有显著优势。以多模态话语分析为基础的英语教学，不仅要注重培养学生实际应用语言的能力，更要激发学生对英语学习的批判性思考，通过对多模态话语之间互动关系的深入剖析，推进我国英语教学走向国际化道路。

第三节 英语网络教学平台的多模态话语研究
——以"英语视听说"课程为例

英语是交流和沟通的重要载体,可以帮助我们深入了解不同国家的文化差异,促进人际交流和沟通,以及文化更好地传播。在互联网快速发展的大背景之下,学习英语的方式快速增加,不仅有跟读、阅读、听录音等传统方式,还增加了在网络课堂中看电影、配音、辩论等多种形式。有了互联网的支持,教师可以获得更多的教学资源,提高教学质量。多模态话语理论可以有效提高教学质量,充分调动学生的多种感官,使学生在课堂中的注意力更加集中,帮助学生充分融入课堂中。本节围绕基于对英语网络教学平台的多模态话语研究的重要意义、大学英语现有的困境、多模态话语分析理论在大学英语视听教学中的应用策略几方面展开。

当前,随着互联网的高速发展,越来越多的领域开始以互联网为工具提高自身的工作效率,英语教学也不例外。传统的教学方式已经不能满足当前社会的需要,且存在一些弊端。将多模态话语理论充分融入英语的视听说课程中能有效地提高教学质量,帮助教师完成教学目标。此外,多模态形式可以有效地帮助学生打造英语环境,锻炼学生的视听说能力。

一、基于英语网络教学平台的多模态话语研究意义

(一)提高课堂效率

随着社会经济的不断发展,各国间的交流日益频繁,语言沟通中的视听说技能在人际交往中起着越来越重要的作用,加强英语学习者的视听说技能训练成为满足社会人才市场需求的重要环节。多模态的上课形式更能调动学生的感官,使学生能充分融入课堂中。教师可以借助互联网使课堂的内容更加丰富,当学生的注意力完全放在课堂中时,上课效果则会十分理想。

(二)提高学生的学习积极性

英语作为一种沟通载体,会涉及许多十分有趣的学习内容,教学方式更是多种多样。只依赖教师单纯的讲解很难达到理想的教学效果,但是有了互联网的支持,学生可以直观地感受到国外的风土人情,打破地理环境的界限,提高

学习效率。另外,通过互联网,教师可以图片、视频等多种形式调动学生的学习积极性,使学生跟上教师的上课进度。在学习英语中,兴趣是十分重要的,所以教师应将课程设计得生动有趣,吸引学生的注意力。互联网的介入可使英语学习中的听说读写形式更加多样化,进而提高学生的学习兴趣,激发学生的学习热情。

(三)提高学生的自主学习能力

进入大学后,学生需要改变自己原来的学习方式,逐渐培养并提高自主学习能力。在互联网加入之前,教师主要依靠自身的理解对课程进行讲解,在整个课堂中教师占主体地位,学生的参与度十分有限,且这种方式并不利于学生理解记忆。互联网加入后,教学方式更加多样化,学生成为课堂的主人,学生可以进行自主思考,对知识进行深度挖掘,渐渐提高自学能力。同时,互联网可以使教学资源更加丰富,教师可借助先进的互联网技术,更加直观地将教学内容或知识点呈现到课堂上,便于学生理解。譬如,教师在进行英国历史文化教学中,可以通过一些纪录影片使学生有一个更加直观的了解。

二、大学英语课堂现有的困境

(一)学生听说能力薄弱

当前,大学生的读写能力往往高于听说能力,能理解英语单词和句子却说不出来。这主要是因为传统的课堂模式缺乏对学生听说能力的训练,且个别学校在进行考试时并不将英语的听力部分计入总体的成绩当中,致使很多学生不重视听说能力。我国学生在学习英语的过程中并没有相应的英语环境,每天与人交流的语言主要还是母语,所以对英语应用较少,听说能力非常有限。据统计,很多大学生都认为英语听力非常难,在英语听力中单拿出每一个单词都能识别,但是连成一句话就基本上听不出来所要表达的意思了。这种现象十分普遍,因为英语当中存在连读、重读、弱读,倘若平时缺乏锻炼很难有一个较高的英语听力水平。

(二)学生参与度不高

视听说教学在英语教学中的占比非常小,有的学校一周只有一节视听说课程,且每一节课的时间较短。受时间所限教师无法逐一对学生进行听音和纠正训练,但进行统一的训练又很难达到教学效果,因此在这样的学习环境中学生很难进行系统且充足的训练,课堂效果低下。课程较少就会导致学习不连贯,往往在进行下一次课时,学生已经将之前所学习的内容遗忘了,这就严重地影响了教学效果,且在一些课程中教师没有及时和学生进行互动,造成部分学生因为跟不上进度而无法集中注意力。个别教师只是为了完成教学任务,备课不充分,从而使学生感到枯燥、无聊,在课堂上的活跃度不高。

(三)教学模式单一

在传统的视听说课程中,很多教师的教学方式过于单调且缺乏创新,往往不能激起学生的学习兴趣。有的教师在课堂上进行试听说训练时,会花费大量的时间让学生根据录音做题,随后直接给出答案,缺少应有的课堂讲解和听说技巧传授,难以收到良好的教学效果。在传统教学中,教师所拥有的教学资源十分有限,教学创新在很大程度上受到严重制约,课堂上学生的兴趣和注意力低下,整个教学活动满足不了教学需求和学生的个性化学习需求。个别教师对教材挖掘的深度不够,无法将教材中的精髓有效地传授给学生,培养效果一般。因此,教学模式的单一会使学生渐渐地失去对英语视听说的兴趣,从而产生抗拒心理,无法对其投入足够的精力。英语中的视听说训练形式多样,教师需要认真探索,不断创新。

三、多模态话语分析理论在大学英语听说教学中的应用策略

(一)准备充足的教学资源

在英语视听说课之前教师需要做好充足的准备,收集各种信息资源,以便更加全面地为学生讲解,便于学生理解。教学资源单一不仅会使课堂枯燥乏味,提不起学生的学习兴趣,还会因讲解不到位影响学生对知识点的理解,进而影响课堂教学效果。传统的方式很难使课堂变得丰富多彩,但是有了互联网,教师可以通过多种形式进行教学,如通过图片、视频、声音等,充分调动学生的多个感官,使学生投入整个课堂中。当前随着技术的不断发展,教师可以在互联网的支持下营造更加真实的英语环境,帮助学生训练。这种多模态的教学环境可以帮助学生将零碎的知识形成一个系统的整体。教师在进行模态的建设中,需要注意每个模态之间的顺序,以免影响课堂的连贯性。而且在教学组织中教师要保证所选择的模态符合本节课的教学目标,避免浪费课堂时间,确保各个模态之间能够完美地配合,提高教学效果。在收集资源时要讲究整体性和连贯性,避免某一个环节过于突兀,进而控制课堂的整体节奏。譬如,教师在讲解中西方饮食差异的时候可以先收集班级里学吃饭的照片,问道:"Look at this picture. What's these?"同学回答,"rice, eggs, beans and cauliflower."。这时教师可以展示美国的餐桌照片,让学生观察上面有什么。"Sandwiches, toast, bagels, eggs and coffee"。教师回答:"Good job."。此时教师可以放出中西方早餐、中餐、晚餐的图片让学生进行对比,并以小组的形式进行讨论。最后挑出三组同学进行回答。教师在最后做出评价:"As can be seen from the figure, Chinese food is mainly composed of eggs, fried dough sticks and steamed bread, while western food is mainly composed of coffee, tea, jam and bread. In America, lunch time is very short, so we mainly eat fast food, vegetables, sandwiches and hamburgers. Chinese lunch is rich in rice, jiaozi, noodles and so on. There are rich dinners in Europe, mainly steak and pork chops."。教师进行总结之后可以放一段关于中西方文化的英语小视频锻炼学生的辨音能力,提高他们的听力。在课堂上,教师先通过图片让学生了解到西方美食的颜色和形状,让学生在视觉上有一个初步的印象,然后让学生通过讨论练习口语,最后进行总结。

(二)培养学生的多模态识读能力

多模态识读能力能使学生顺利地进行沟通交流,充分发挥英语语言的作用。教师在锻炼学生的视听说能力时应让学生学会收集、整理、分析资料,扩充学生的知识量,锻炼学生的实践能力,并重视培养学生的识读能力。传统的教学主要以阅读的方式锻炼并提高学生的识读能力。随着互联网教学的加入,学生可通过电影等多种形式了解东西方文化间的差异,将所学理论知识真正揉入生活之中。教师要在课堂中充分发挥学生的主体作用,使学生能主动进行探索和理解,教师在整个过程中主要起引导作用。教师要帮助学生培养解读图像和符号的能力,使学生更加了解西方文化。了解西方文化在英语学习中具有十分重要的作用,它不仅能提高并加深学生对英语的认知,还能提高其学习效率,培养其英语语言应用能力。教师可以在教学过程中举行一场辩论赛以加深学生对知识的理解,也可以举行一场话剧表演使学生了解西方的文化。譬如,教师可以让学生模仿《生活大爆炸》中的一个经典片段,教师可以说:"Next, the teacher will play a video, and you need to pay attention to the lines, voice and intonation, body movements and facial expressions in the video. The video will be played for three times, and you can find your team members to perform after three times."。教师在放完视频之后要对其中的内容进行分析,帮助学生分析台词中的连读、重音、弱音。"Next, the teacher said, take the group as the unit, analyze the cultural differences involved in the video and the personality characteristics of the characters."。教师同样进行点评。最后，教师引导学生以小组的形式上台进行展示。这样一段视频有利于学生更加了解西方文化，帮助学生解析西方的肢体动作，从而将英语学习真正融入实际生活当中。

（三）提升教师的多模态话语听说教学能力

在视听说的教学过程中，教师的专业素养会直接影响教学效果，教师首先要改变自己传统的教学方式，与时俱进，更新自己的教学观念。其次教师在课堂当中要尽可能地调动学生的各个感官，使学生能利用各种肢体语言提高学习英语的效率。教师在教学中不仅要有较强的专业理论知识，还要具备一定的信息素养，能够结合当前先进的信息技术提高教学质量。基于互联网技术的英语视听说教学在授课形式上更加多样，内容更加丰富，进而能更好地吸引学生的注意力，使学生能全身心地投入课堂中。再次，教师要深度挖掘教材内容，不断探索，有侧重地讲解。同时，教师要了解每个学生的性格特点，因材施教。尤其针对性格比较内向的学生，教师要采用多鼓励的方式，进行积极正面的引导。第三，教师需要帮助学生建设一个良好的学习环境，激发学生对英语学习的热情。教师要定期开展教研会探讨近期出现的教学问题，并且提出相应的解决策略。最后，课堂教学中教师要勇于创新，如在进行口语训练时不仅可以采用小组讨论和跟读的形式，也可以充分利用当前的科技，进行配音训练，针对经典的爱情电影《罗密欧与朱丽叶》，教师可以说："Now let's watch a special clip, which is about Romeo and Juliet. Students mainly listen to the pronunciation skills and emotions of the words in the clip."当学生听完之后，教师先帮助学生分析，说明句子中存在的连读和重读。接着教师进行引导，"Now work in pairs for dubbing. During the dubbing process, you need to be fluent in language, standard pronunciation and pay attention to the linking skills, including the emotion of the characters. The dubbing time is 15 minutes."。之后教师可以请到3位同学进行展示，并重点点评。这种方式可以有效地锻炼学生的口语能力，提高学生的学习兴趣及效果。

（四）重视多模态教学评估

在教学中，教师的评价十分重要。教师可以通过有效的评价提高学生的学习积极性，也可以帮助学生找到问题并及时调整。所以，教师在评价过程中，要重视专业性、全面性。应先说出学生在此环节中的优秀之处，再说出不足，避免打击学生的自信心，使学生对英语保持兴趣。尤其在多模态的教学中，教师需要从多个角度出发，全面看待学生。教师在课堂上不仅要锻炼学生的口语还要锻炼到学生的听力，所以教师应从学生的语音语调、发音的准确度、声音的洪亮度、面部表情、肢体语言、情感态度等多个角度进行评价。英语视听说课程的课程性质决定了教学中应充分发挥学生的主体作用，提高学生在课堂每个环节中的参与度，因此评价环节可以采用学生互评的形式，这样学生就可以发现彼此身上的闪光点。此外，互评也是一个自我反思的过程，可大大提高评价的意义。在多模态的英语教学中，教师要重视学生的听说能力，可以通过在课堂中设计英语辩论赛的形式培养学生的逻辑能力、英语口语与语言组织能力。教师可以说："Look at this picture. What is this？"学生回答："Paper books and e-books"，教师说："Now it's pro and con, pro is that e-books are better than paper books, con is that paper books are better than e-books, 10 minutes to prepare, let's start."。教师在学生进行讨论时，要认真聆听每一位学生的口语并给予建议。学生讨论完之后教师可以给予点评。最后放一段专业选手辩论的视频，让学生自评，说出自己的优点与不足。这种方式可以使学生找到自身的不足并及时纠正。

在新媒体时代，教师的教学方式是多种多样的，通过多模态的话语分析理论可以使课堂内容更加丰富多彩和连贯，从而有效地提高学生的学习兴趣，使学生能充分融入课堂中。互联网教学是大势所趋，但目前英语网络教学平台的多模态话语应用尚处在起步阶段，没有过多的经验可以参考，很多地方还存在不足，需要相关教师在实践中不断创新，争取有所突破。

参 考 文 献

[1] 贾慧慧.英语课堂教学话语分析研究[M].西安:西北工业大学出版社,2020.

[2] 胡永进.多模态话语分析理论及其在英语教学中的应用[M].合肥:安徽大学出版社,2018.

[3] 何芳.英语语言学话语分析多维探索与研究[M].北京:中国商务出版社,2018.

[4] 孙文峥.中国人学英语:话语建构与主体实践[M].南京:南京大学出版社,2020.

[5] 赵宏伟,于乐乐.英语话语的多维研究[M].上海:华东理工大学出版社,2016.

[6] 李杨.英语话语分析问题研究[M].北京:中国铁道出版社,2016.

[7] 谢娜.多元取向下的英语话语分析与应用研究[M].北京:中国书籍出版社,2018.

[8] 陈彧.话语分析与英语教学研究[M].北京:经济科学出版社,2018.

[9] 姚剑鹏.大学英语学习者话语重复研究[M].上海:上海交通大学出版社,2019.

[10] 马莉,赵秋盈.认知语言学视域下大学英语教师课堂话语及教学策略实证研究[M].郑州:河南人民出版社,2019.

[11] 朱丽.多模态话语理论与英语教学研究[M].石家庄:河北人民出版社,2019.

[12] 苏雪莲.商务英语话语分析与翻译研究[M].北京:北京工业大学出版社,2018.

[13] 丽娜.英语话语分析的跨学科审视及应用探索[M].长春:吉林大学出版社,2019.

[14] 李欣. 英语话语标记语的语用翻译研究：阐释与运用[M]. 上海：上海大学出版社, 2017.

[15] 刘滨梅. 英语话语标记使用的习得研究[M]. 姚瑶, 译. 天津：南开大学出版社, 2015.

[16] 王海霞. 英语话语标记语的功能和演变研究[M]. 西安：陕西师范大学出版总社, 2015.

[17] 国防. 基于语料库的英语话语标记语分析[M]. 合肥：安徽大学出版社, 2012.

[18] 王玉虹. 英语课堂教师话语探讨[M]. 银川：阳光出版社, 2019.

[19] 张莉. 大学英语教师课堂话语研究[M]. 南昌：江西科学技术出版社, 2016.

[20] 朱夏. 优化教师话语设计, 打造高效英语课堂[J]. 名师在线, 2021(22): 55-56.

[21] 李四清, 苏雅婷. 话语分析框架下中学英语课堂话语的人文育人价值[J]. 教育参考, 2021(4): 85-91.

[22] 黄沭云. 混合教学模式下传播中国话语体系——《英语报刊选读》课程改革探索[J]. 湖北开放职业学院学报, 2021, 34(14): 173-174, 177.

[23] 庞艳茹. 将英语电影赏析融入跨文化交际教学的策略研究[J]. 赤峰学院学报(哲学社会科学版), 2021, 42(7): 59-63.

[24] 孔凡利. 高校英语教学中跨文化交际能力的培养[J]. 漯河职业技术学院学报, 2021(4): 106-108.

[25] 王丽婵, 王保健. 学术英语写作教学中的元话语能力培养[J]. 大学, 2021(27): 5-10.

[26] 佟祉岳, 周强. 大学英语课堂话语研究新进展[J]. 吉林省教育学院学报, 2021, 37(7): 79-82.

[27] 王宇涯. 多模态话语分析视域下高职商务英语教材建设研究——以江阴职业技术学院外贸英语函电课程教材建设为例[J]. 湖北开放职业学院学报, 2021, 34(13): 163-165.

[28] 余文君. 浅谈文化-互动范式导向下高校英语跨文化教学的应用路径[J]. 海外英语, 2021(7): 157-158.

[29] 程喜. 英语政治话语中语法隐喻与语式关系研究[J]. 解放军外国语学院学报, 2021, 44(4): 27-36.

[30] WILLIAMS J. Style: ten lessons in clarity and grace[M]. Boston: Scott Foresman, 1981.

[31] WUNDERLICH D. Foundations of linguistics[M]. Cambridge: Cambridge University Press, 1979.

[32] 胡君, 朱春梅. Michael Byram 跨文化交际视角下民办高校非英语专业大学生中国英语现状及策略探讨 [J]. 校园英语, 2021(26): 3-4.

[33] 周航. 从跨文化交际能力视角评估大学公共英语教材《新世界交互英语 读写译 (第二版)》[D]. 北京: 北京外国语大学, 2021.

[34] 朱华华. 多模态话语分析理论在初中英语听说教学中的应用研究 [D]. 信阳: 信阳师范学院, 2021.

[35] 蔡琼慧. 基于语料库的初中英语教师话语标记语使用研究 [D]. 天津: 天津师范大学, 2021.

[36] 赵欣. 数字商务英语话语研究 [D]. 哈尔滨: 黑龙江大学, 2021.

[37] 黄淑娟. 基于语料库的高中慕课英语教师话语标记语使用研究 [D]. 太原: 中北大学, 2021.

[38] 黄润华. 顺应论视角下英语教师课堂话语的语用移情研究 [D]. 贵阳: 贵州师范大学, 2021.

[39] 黄倩. 基于对话理论的高中英语课堂话语批判性思维研究 [D]. 黄冈: 黄冈师范学院, 2021.

[40] 李盈盈. 大学英语教师听说课堂的多模态话语分析 [D]. 沈阳: 沈阳师范大学, 2021.

[41] 张淼. 多模态话语分析理论在初中英语写作教学中应用研究 [D]. 锦州: 渤海大学, 2021.

[42] 刘畅. 英语独用极量副词的演变: 从应答语到话语标记 [D]. 大连: 大连理工大学, 2021.

[43] 梁瀛田. 大学英语精读课堂元话语研究 [D]. 保定: 河北大学, 2021.

[44] 刘世霞. 多模态话语在高中英语词汇教学中的应用研究 [D]. 西宁: 青海师范大学, 2021.

[45] 魏雷. 文化自信视域下大学英语跨文化教育的方法 [J]. 黑河学院学报, 2021(6): 106-108.

[46] 叶伟平. 大学英语教育中的跨文化交际能力培养策略研究 [J]. 财富时代, 2021(6): 163-164.

[47] 霍俊燕. 跨文化教育视域下对大学英语教学改革的若干思考[J]. 创新创业理论研究与实践, 2021(12): 50–52.

[48] 万丹. 基于民办高校大学英语课堂的师生话语关系构建研究[J]. 海外英语, 2021(12): 110–111.

[49] 杨璐. 高校英语教学中跨文化交际的有效渗透[J]. 海外英语, 2021(12): 238–239.

[50] 魏立红, 赵爱君. 跨文化交际背景下大学英语任务教学模式探析[J]. 海外英语, 2021(12): 170–171, 177.

[51] 笈文婷. 言语行为理论下英语教师话语的语用策略[J]. 海外英语, 2021(12): 96–97.

[52] 吕洋. 英语教学中影响学生跨文化能力形成的因素研究[J]. 山西青年, 2021(12): 104–105.

[53] 罗亮. 跨文化交际背景下的大学英语教学方式研究——评《文化与大学英语教学》[J]. 外语电化教学, 2021(3): 123.

[54] 牛艳. 多模态话语分析在民族预科英语视听说课堂中的运用[J]. 林区教学, 2021(6): 91–94.

[55] 杨清宇. 跨文化交际能力培养与大学英语教学探索[J]. 产业与科技论坛, 2021(12): 115–116.

[56] 田静, 贾智勇. 大学英语教学中跨文化交际能力培养策略[J]. 品位·经典, 2021(11): 62–64.

[57] 朱明艳. 中国话语崛起背景下高校英语课程思政的 TPRS 教学法研究[J]. 海外英语, 2021(11): 29–30.

[58] 蒋超男, 黄浩平. 多模态英语课堂学生互动话语有效性评析[J]. 海外英语, 2021(11): 58–59.

[59] 陈容. 英语专业大学生书面语中话语标记语的使用研究[J]. 海外英语, 2021(11): 250–251.

[60] 贾秀珍. 基于多模态话语分析理论的高职学前英语教学初探[J]. 文化创新比较研究, 2021(17): 139–142.

[61] 张宏红. 跨文化交际背景下的英语师范生英文绘本教学探究[J]. 文教资料, 2021(16): 223–225.

[62] 陈松云.英语学术论文中元话语动词型式的变异研究[D].北京：北京外国语大学,2021.

[63] 王童.视觉语法视角下大学英语教学大赛多模态话语特征分析[D].大连：辽宁师范大学,2021.

[64] 车玉华.基于多模态话语分析理论的外研版高中英语教材研究[D].大连：辽宁师范大学,2021.

[65] 潘雪莲.核心素养视域下高中英语教师课堂话语研究[D].汉中：陕西理工大学,2021.

[66] 何毅.跨文化交际视域下的大学基础英语教学模式探究[J].现代职业教育,2021(22): 156–157.

[67] 尹小菲.新时代下跨文化交际在高校英语教学中的有效融合[J].英语广场,2021(15): 62–64.

[68] 郭真,赵允婧.跨文化交际视角下的大学英语课程思政建设研究——以中国英语为例[J].文化创新比较研究,2021(15): 49–52.

[69] 刘海.大学英语跨文化交际活动对定向动机流的影响研究[J].文化创新比较研究,2021(15): 191–194.

[70] 杨丰侨.英语教学中跨文化交际能力培养的必要性及途径[J].科教文汇(中旬刊),2021(5): 184–185.

[71] GILBERT G N, MULKAY M. Opening pandora's box: a sociological analysis of scientific discourse [M]. Cambridge:Cambridge University press, 1984.

[72] HALLIDAY M A K. An introduction to functional grammar[M]. 2nd ed. England: Edward Arnold(Publishers)Limited & Beijing: Foreign Language Teaching and Research Press, 1994.

[73] HALLIDAY M A K, HASAN R. Cohesion in English [M]. London: Longman Group Ltd, 1976.

[74] GEOFF T. Introducing functional grammar [M]. England:Edward Arnold Limited & Beijing:Foreign Language Teaching and Research Press, 1996.

[75] AUSTIN J. How to do things with words[M]. Oxford: Oxford University Press, 1962.

[76] BATESON L, G.Steps to an ecology of mind[M]. New York: Ballantine Books, 1971.

[77] BEAUVAIS P J. A speech act theory of metadiscourse[J]. Written Communication, 1989, 6(1):11-30.

[78] CRISTMORE A, MARKKANEN R, STEFFENSEN M. Metadiscourse in persuasive writing: a study of texts written by American and Finnish university students[J]. Written Communication, 1993, 10(1): 39-71.

[79] DILLION G. Constructing texts: elements of a theory of composition and style[M]. Bloomington: Indiana University Press, 1981.

[80] GOFFMAN E. Forms of talk[M].Philadelphia: University of Pennsylvania Press, 1974.

[81] KELLER E. Gambits: conversational strategy signals[J].Journal of Pragmatics, 1979, 3(3-4): 219-228.

[82] HALLIDAY M A K. Explorations in the function of language[M]. London: Edward Arnold, 1973.

[83] HARRIS Z. Linguistics transforrmations for information retrieval[C]//In Papers in Structural and Trans-forrmational Linguistics. Dordrecht: D. Reidel, 1959.

[84] HYLAND K. Disciplinary identity in research writing: metadiscourse and academic communities[C]//LUNDQUIST L, PICHT L, QVISTGAARD J . LSP identity and interface research, knowledge and society, Vol.II.Copenhagen: CBS, 1998.

[85] HYLAND K. Disciplinary discourses: social interactions in academic writing[M]. Ann Arbor: University of Michigan Press, 2004.

[86] HYLAND K, TSE P. Metadiscourse in academic writing: a reappraisal[J].Applied Linguistics, 2004,25(2): 156-177.

[87] HYLAND K. Metadiscourse[M]. London: Continuum, 2005.

[88] LUNDQUIST L. Observations on the development of the topic in simplified discourse[C].//KOHONEN V, ENKVIST N. Text linguistics, cognitive learning and language teaching. Turku: University of Turku, 1978.

[89] LUUKKA M. Meta-discourse in academic texts[C]//GUNNARSSON B, LINELL B, NORDBERG B. Text and talk in professional contexts. Lund: Universitetsbiblioteket, 1992.

[90] MAURANEN A. Contrastive ESP rhetoric: metatext in finnish-english economics texts[J]. English for Specific Purposes, 1993(1): 3-22.

[91] MAURANEN A. Discourse reflexivity: a discourse universal? the case of EFL [J]. Nordic Journal of English Studies, 2010, 9(2): 13-40.

[92] MEYER B. The organization of prose and its effects on memory[M]. Amsterdam: North-Holland, 1975.

[93] ROSSITER J. Theories of communication[M]. Oxford: Oxford University Press, 1974.

[94] SCHIFFRIN D. Metatalk: organizational and evaluative brackets in discourse[J]. Sociological Inquiry: Language and Social Interaction, 1980, 50(3-4): 199-236.

[95] SEARLE J. Speech acts: an essay in the philosophy of language[M]. Cambridge: Cambridge University Press, 1969.

[96] SPERBER D, WILSON D. Relevance: communication and cognition[M]. Oxford: Blackwell, 1986.

[97] THOMPSON G, THETELA P. The sound of one hand clapping: the management of interaction in written discourse[J]. Text, 1995, 15(1): 103-127.

[98] VANDE-KOPPLE W. Some exploratory discourse on metadiscourse[J].College Composition and Com- munication, 1985, 36(1): 82-93.

[99] VERSCHUEREN J. Understanding pragmatics[M]. London: Edward Arnold, 1999.